双板滑雪教程

刘仁辉　李　铂　主编

人民体育出版社

图书在版编目（CIP）数据

双板滑雪教程 / 刘仁辉，李铂主编 . -- 北京：人民体育出版社，2023

ISBN 978-7-5009-6256-4

Ⅰ . ①双… Ⅱ . ①刘… ②李… Ⅲ . ①雪上运动-教材 Ⅳ . ① G863.1

中国版本图书馆 CIP 数据核字 (2022) 第 254991 号

*

人 民 体 育 出 版 社 出 版 发 行
天 津 画 中 画 印 刷 有 限 公 司 印 刷
新　华　书　店　经　销

*

787 × 1092　16 开本　9 印张　178 千字
2023 年 8 月第 1 版　2023 年 8 月第 1 次印刷

*

ISBN 978-7-5009-6256-4
定价：59.00 元

社址：北京市东城区体育馆路 8 号（天坛公园东门）
电话：67151482（发行部）　　邮编：100061
传真：67151483　　邮购：67118491
网址：www.psphpress.com

前 言

FOREWORD

近年来，中国冰雪运动发展迅猛，尤其是在2022年北京冬奥会成功举办之后，冰雪运动呈现了一片繁荣的景象，也给中国滑雪运动的发展带来了难得的机遇。

发展冰雪运动有利于满足群众多样化体育文化需求、推动全民健身和全民健康深度融合，对于建设健康中国和体育强国、促进经济社会发展、实现中华民族伟大复兴的中国梦具有重要意义。

2020年6月，为规范从业者的从业行为，引导职业教育培训的方向，为职业技能鉴定提供依据，依据《中华人民共和国劳动法》《中华人民共和国体育法》《全民健身条例》等法律法规，适应经济社会发展和科技进步的客观需要，立足培育工匠精神和精益求精的敬业风气，中华人民共和国人力资源和社会保障部联合国家体育总局共同制定了《社会体育指导员国家职业技能标准（2020年版）》。该标准的出台为我国社会体育指导员职业规范资格认证提供了统一标准，标志着社会体育指导员工作向规范化、制度化和职业化方向又迈进了一大步。

随着冰雪运动“南展西扩”战略的推进，开展冰雪运动的地域不断扩展，冰雪活动类型日益丰富，参与人数迅速增加，覆盖人群范围逐渐扩大，群众参与冰雪运动的热情不断高涨。

本书围绕滑雪运动与滑雪文化、大众双板滑雪技术和双板滑雪教学等核心内容编写，采取任务驱动的形式，注重理论与实践结合，突出内容实用性，强调“易学易练”和“便于操作”。本书在编写过程中参考引用了部分专家、学者的文献研究资料，在此一并表示感谢！书中不当之处，敬请广大读者批评指正。

编　者

2023年8月

目 录
CONTENTS

模块一　滑雪运动概述

学习目标

通过模块一的学习，了解滑雪运动的起源、发展和分类，认识冬奥会滑雪项目设置，理解竞技滑雪与大众滑雪的区别。从欣赏滑雪运动入手，了解历史悠久的滑雪文化，体会 2022 年北京冬奥会带来的使命感、责任感和荣誉感。

情景导入

“使命在肩、奋斗有我”中国冰雪健儿诠释中华体育精神

2022 年北京冬奥会、冬残奥会的成功举办，兑现了我们对国际社会的庄严承诺，展现出中国特色社会主义制度的显著优势。正如习近平总书记在北京冬奥会、冬残奥会总结表彰大会上所说，“我国社会主义制度非凡的组织动员能力、统筹协调能力、贯彻执行能力，我国坚实的经济实力、科技实力、综合国力，为成功办奥提供了强有力的底气和最坚实的保障”！

获得 2022 年北京冬奥会举办权时，在 109 个赛事小项中，约有三分之一的项目尚未在中国开展，冬残奥会全部 6 个大项中也仅开展了 2 项。按照习近平总书记“办赛精彩，参赛也要出彩”的指示，把全项目参赛和取得历史最好成绩作为参赛目标，短短几年间就取得了斐然的成果。为实现全项目参赛的目标，在筹备和备战 2022 年北京冬奥会过程中，通过跨界跨项选材的策略，很多从未开展过的冬季运动项目在国内实现了从无到有、由弱到强的跨越式发展。参加 2022 年北京冬奥会的 177 名中国运动员来自全国 20 个省、自治区、直辖市，覆盖区域北到黑龙江省南到广东省，从东部沿海上海市西到新疆维吾尔自治区，改变了以往冰雪运动项目仅依靠个别省份输送运动员的局面。2022 年北京冬奥会约有五分之一的运动员是通过跨界跨项选材进入国家队，特别是雪上项目，近一半的运动员为跨界跨项选手。跨界跨项选材极大丰富了冰雪运动项目“人才储备”，为实现 2022 年北京冬奥会全项目参赛提供了有力支撑。虽然在 2022 年北京冬奥会的一些项目比拼上，中国运

动员首次参赛且不具备获得奖牌的实力，但参与这些项目比赛这一小步，必将汇聚成中国冰雪运动发展的一大步。通过 2022 年北京冬奥会的成功申办、举办，冰雪运动得以不断“南展西扩东进”，实现了冰雪运动项目竞技水平的快速提升，带动冰雪产业实现跨越式发展。

2022 年北京冬奥会是中国冰雪健儿追梦与圆梦的舞台。他们爬冰卧雪，攻坚克难，用拼搏奋斗书写青春，冰雪运动项目在中国迎来高速发展时代（图 1–1）。在 2022 年北京冬奥会举办前的三个赛季，中国冰雪健儿在世界杯、世锦赛等国际大赛中力拼参赛资格。有很多的“第一次”在 2022 年北京冬奥会上被书写，我们获得了第一枚女子雪上项目的金牌、第一枚单板滑雪项目的金牌，还有更多的第一次参赛、第一次晋级，特别是雪上项目发展势头迅猛，改变了以往中国冰雪运动项目在国家大赛上“冰强雪弱”的现象。在 2022 年北京冬奥会赛场上，中国冰雪健儿以“使命在肩、奋斗有我”的责任担当，用无限的热情与拼搏生动诠释了中华体育精神。我们见证了无数个敢于拼搏、善于拼搏、自强不息、超越自我的精彩瞬间，最终取得了 9 金 4 银 2 铜的好成绩，创造了新的纪录，鼓舞和激励着中华儿女砥砺奋进、勇于攀登。

图 1–1　2022 年北京冬奥会高山滑雪男子滑降比赛

始终代表最广大人民根本利益是中国特色社会主义制度的本质属性。2022 年北京冬奥会坚持办赛与服务人民、促进发展相结合，将人民至上、惠及百姓的理念贯穿始终。2022 年北京冬奥会成功申办、举办推动了我国冰雪运动蓬勃发展。曾经，我国冰雪运动呈现“不进山海关”的局面，而现在，冰雪运动从关外走向了祖国大地、从冬季走向了四季。中国为世界冰雪运动提供了新的发展平台，开启了全球冰雪运动的新时代。

任务一　认识滑雪运动

一、滑雪运动的起源

滑雪活动最早产生于人们的日常生活，后来又以实用和军事为目的，然后逐渐演变为表演和竞技项目，最后发展为今天的滑雪运动。由于每一个阶段的社会需求都对滑雪文化的发展产生影响，所以不同历史时期体现出不同特征的滑雪文化，而整个滑雪运动的发展则反映出滑雪文化的流变过程。从滑雪文化产生、发展到现代滑雪文化，欧洲、美洲一直是发展的主线，也一直是现代滑雪文化的核心。

从人类历史的开始，人类所掌握的技术水平就决定了其活动范围的大小。远古时期人类生活几乎是彼此隔绝的，各种族之间没有交流，加上东西方生存环境的差异，导致在不同时间和不同地点都有滑雪活动出现。

在挪威北部的一个小岛，曾发现过一幅公元前 2500 年左右的岩画，画面上一个滑雪者穿着巨大的滑雪板，手撑一根滑雪杆，头戴耳帽并做出滑雪姿势（图 1–2）。这一证据支持着滑雪北欧起源说。瑞典的吉尤加登博物馆收藏着 1921 年于瑞典的那姆特兰发现的与上述岩画同时期的滑雪板，这个证据更坚定了滑雪北欧起源说。

图 1–2　挪威滑雪岩画

2005 年一幅阿尔泰山古阿勒泰人脚踏滑雪板、手持单杆滑雪狩猎的岩画在我国新疆维吾尔自治区阿勒泰地区被发现。由于阿勒泰地区几万年前的旧石器时代中晚期就是古人类活动的区域，经多位权威考古专家、历史民族学专家考证，确定新疆维吾尔自治区阿勒泰地区敦德布拉克滑雪岩画距今至少一万年，这是目前已知的人类滑雪活动轨迹最早的证据。

中国滑雪运动历史悠久，古籍中也多有关于人们借助雪上滑行从事狩猎和生产劳动的记载（表 1–1）。

表 1–1　古籍中有关滑雪的记载

古籍	原文	文意
《隋书》	“其国猎兽，皆乘木，升降山隥，追走若飞”；“人好猎兽，皆成木马，升降山阴，追赴若飞”；“隋时闻焉，在北庭北海南，黠（结）骨南，依山散居，去敦煌九千里，有渠号，号王号，其人雄健，能射猎”	“气候严寒，雪深没马，地高积雪，惧陷坑阱，骑木而行”
《北史》	文中反映出早在隋唐时期阿尔泰山脉地区就有滑雪狩猎的居民。居住在阿尔泰山北的结骨（黠葛斯）人、贝尔加湖南的拨悉弥都有乘木马狩猎的习俗，书中形象地将滑雪板称为“木马”“骑木”，将滑雪称为“乘木马”	文中说明为了防止行走时脚陷入雪中，人们脚下踩着木板走路

二、滑雪运动的发展

滑雪是一项古老的冬季运动，最开始是早期人类生存的一项技能，它经历了从实用滑雪到军事滑雪的转变，然后逐渐演变为雪上表演和雪上竞技项目，经过技术革新，近代滑雪文化迅速发展并体现出竞技特征，后期由于欧洲、美洲滑雪文化的融合，以及非主流滑雪文化的融入和旅游滑雪的产生，丰富了娱乐、休闲、竞技、旅游等特性，从而形成多元化的滑雪运动和现代滑雪文化。

目前，滑雪运动在欧洲、北美洲和亚洲中的日本等地成为大众冬季活动和消费的主要体育项目。大众滑雪产业的蓬勃发展带动了滑雪相关产业的发展，成为“黄金产业链”。集多功能于一身的大规模滑雪场在挪威、瑞士、奥地利、美国、加拿大、日本等国已成功发展。瑞士的滑雪用品业，奥地利的滑雪器材业，德国、美国、加拿大的滑雪机械业，日本的滑雪服装业等已形成了诸多国际滑雪知名品牌。全世界每年在滑雪及其相关产业产生的经济效益达数千亿美元。

我国滑雪运动历史悠久，以生活、生产、军事等活动形式开展的滑雪运动早已在中国古代存在。我国冬季运动项目的发展很大程度上受地域、气候、季节等条件的限制，滑雪运动主要在边疆、边远地区发展，在我国体育文化历史中也只是边缘文化形态，在部分少数民族中开展。宋代、明代时期，滑雪运动主要在北方开展，随着清代满族人入主中原，冬季运动作为军事训练和娱乐活动流传的范围逐渐扩大。但是在清朝之后，传统的冬季运动逐渐退出历史舞台，导致了中国冬季运动的文化断层。

到了 20 世纪 30 年代初，近代滑雪运动在中国逐步发展。中国第一次全国滑雪比赛于 1957 年在吉林省通化市举行，以此比赛拉开了我国近代竞技滑雪的序幕。第 1 届全国冬季运动会于 1959 年在吉林省吉林市举行。1980 年，中国代表团赴美国参加第 13 届普莱西德湖冬季奥运会，这是中国滑雪运动员第一次参加冬奥会，同时打开了中国滑雪运动与国际交往的渠道。

随着我国人民生活水平的提高，以及滑雪运动自身具有的娱乐与健身相结合的特性，在近几年逐渐被广大民众接受并喜爱。世界旅游组织指出："中国滑雪市场诞生于 1996 年，以亚布力旅游滑雪场的建立为标志"。

滑雪运动的逐渐普及带动了中国滑雪产业的发展，经过近 20 年的积累，滑雪产业目前已经趋于良性发展。2000 年以前，滑雪场只分布在吉林和黑龙江两省；2000 年以后，在两省以外地区，尤其是在北京，开始出现滑雪场，这对滑雪产业在全国的整体发展起到了推动作用，现在即便是南方城市也在积极开发滑雪市场。近年来的统计数据显示，2016 年我国滑雪场的数量达到 646 家，滑雪人次为 1510 万次，这其中绝大部分为初学者。虽然中国滑雪产业起步晚，但因举办冬奥会、国家政策支持、人口基数庞大等一系列因素，将给这一领域带来巨大市场动力。

滑雪运动发展到今天已经成为全球化的体育运动，目前中国滑雪运动的整体水平与欧洲、美洲还存在一定的差距。欧洲、美洲滑雪运动有着深厚的文化底蕴，而中国滑雪运动的发展缺乏连续性，滑雪文化的发展也存在断层。中国大众虽然越来越喜欢滑雪，但对滑雪文化的传承和发展还远远不够，这正是我们今天所面临的问题。

三、滑雪运动的分类

滑雪运动的起源与发展把滑雪运动从历史沿革角度划分为古代滑雪、近代滑雪和现代滑雪。滑雪运动的分类可通过滑行的条件和参与的目的分为实用滑雪、竞技滑雪、大众滑雪和探险滑雪四类（图 1–3）。

实用滑雪

实用滑雪是指应用于人们日常生活和生产劳动中，与人类生活密切相关的滑雪运动

竞技滑雪

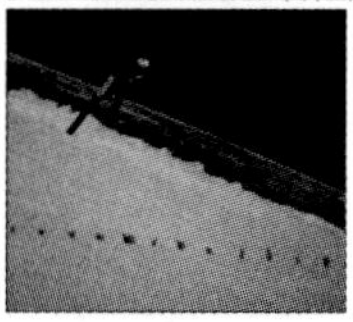

竞技滑雪是以竞赛为目的的滑雪运动，是将滑雪升华为在特定的环境条件下，运用比赛的功能，达到竞赛的目的的体育项目

大众滑雪

大众滑雪是以健身和娱乐为目的的群众性滑雪运动，也称休闲滑雪运动

探险滑雪

探险滑雪是人们为了超越自我、征服大自然，甚至寻求刺激而开发的滑雪项目，如极地滑雪等

图 1–3　滑雪运动分类

实用滑雪多应用于狩猎、通信、交通和军事活动等，涉及狩猎、交通、林业、边防等领域。如今这些活动已多被机械设备取代，实用滑雪逐渐失去了往日的应用价值。

竞技滑雪是指运动员经过长期的、系统的训练以获得超高的竞技水平，在比赛中取得优异成绩为目的的竞技比赛项目。19 世纪末至今，竞技滑雪得到了飞速发展。1924 年国际滑雪联合会（FIS）成立，同年，越野滑雪、跳台滑雪、北欧两项也被列为冬奥会正式比赛项目。2022 年北京冬奥会，滑雪大项共设置 6 个分项，进行 55 个小项的比赛。

大众滑雪成为一种现代运动项目，该项目在欧洲和北美洲开展已经有上百年的历史，大众普及度较高，以法国为例，每年参与冬季滑雪的人数可达 700 万。亚洲的日本和韩国也是大众滑雪开展较早的国家，而中国、阿联酋等国在 20 世纪后期才逐步开展此项运动。目前，我国大众滑雪正处在迅速发展的阶段，在 2022 年北京冬奥会的推动下，我国滑雪人口逐年快速递增。

在大众滑雪分类中，按滑雪板的不同一般分为单板滑雪和双板滑雪两大类。双板滑雪的历史较为悠久，大众普及度较高，这和双板滑雪的特点有关。首先，双板滑雪对滑雪场地形要求不高，即使是缓坡，双板滑雪也可以利用滑雪杖滑行，国内的滑雪场基本都能开展双板滑雪运动；其次，双板滑雪对滑雪者的身体素质要求不高，能够使滑雪初学者较快地掌握入门技巧，从而亲身体验到大众滑雪的乐趣；最后，我国现有滑雪场双板滑雪装备的租赁非常普及。本书主要介绍大众滑雪中双板滑雪的滑雪技术、教学方法、体能训练及安全防护方面内容。

近年来探险滑雪项目的参与人数不断增多，比赛规模不断扩大，正逐渐形成竞技比赛项目，如登山滑雪、定向滑雪等（表 1–2）。

表 1–2　探险滑雪分类介绍

项目	登山滑雪	定向滑雪
项目简介	登山滑雪是越野滑雪、高山滑雪、极限滑雪和攀登雪山技术的综合竞技	定向滑雪是定向越野演变而来的滑雪项目
场地条件	一般在海拔 4000 米以下，高度差在 600~2000 米的自然雪山上进行比赛	不平坦的雪地，是专门开辟的供比赛用的多条滑雪赛道网络
选手装备	滑雪器材、雪崩示踪器、雪铲、不少于 20 公斤的背包和防寒服等	滑雪器材、地图、电子卡等
主管机构	国际滑雪登山联盟（ISMF）	国际定向越野联合会（IOF）
常见比赛	登山滑雪世界杯、登山滑雪欧洲杯、世界锦标赛、国际公开赛等。常规比赛包括个人、团体和团体接力等比赛项目	世界滑雪定向锦标赛，也是亚洲冬季奥运会、世界军事冬季运动会的正式比赛项目。常规比赛包括个人、团体和接力等比赛项目

思考与实训

1. 滑雪运动起源于哪里？
2. 滑雪运动按滑行条件和参与目的可分为哪几类？
3. 什么是大众滑雪？

任务二　竞技滑雪运动与大众滑雪运动

国际奥委会、国际残奥委会和北京冬奥组委联合发布的《北京 2022 年冬奥会和冬残奥会可持续性计划》(以下简称《可持续性计划》), 提出了 2022 年北京冬奥会的可持续性愿景和目标、总体思路和原则,并从“环境正影响”“区域新发展”“生活更美好”三个方面提出了具体的行动措施。

2022 年北京冬奥会是我国在重要历史节点举办的重大标志性活动，筹备全程秉承“绿色、共享、开放、廉洁”理念，充分体现了可持续性的精神。

一、竞技滑雪运动

竞技滑雪运动是在比赛中以打败对手为目的的一种竞争性体育活动。它在以全面发展综合能力和提高对比赛成绩有利能力的基础上，以创造优异运动成绩为主要目的；它是一种通过竞赛来追求运动成绩最优化的活动；其主要竞赛表现形式是速度与难度。规范性、公平性、竞争性、功利性、悬念性是竞技滑雪的主要特征。

冬季奥运会作为世界范围内竞技滑雪运动最受关注的综合性运动会在不断发展和变化,列入冬奥会竞赛的项目也在不断更新。由 1924 年夏蒙尼冬奥会设置的滑冰、冰球、滑雪、雪车这 4 大项开始，逐渐新增或变更项目设置。2022 年北京冬奥会共设 7 个大项，15 个分项，109 个小项（表 1–3）。

表 1–3　2022 年北京冬奥会项目设置

大项（7 个）	分项（15 个）	小项（109 个）
滑雪	越野滑雪（Cross–Country Skiing）	12
	跳台滑雪（Ski Jumping）	5
	北欧两项（Nordic Combined）	3
	高山滑雪（Alpine Skiing）	11
	自由式滑雪（Freestyle Skiing）	13
	单板滑雪（Snowboard）	11
冬季两项	冬季两项（Biathlon）	11
雪车	雪车（Bobsleigh）	4
	钢架雪车（Skeleton）	2

续表

大项（7 个）	分项（15 个）	小项（109 个）
雪橇	雪橇（Luge）	4
冰壶	冰壶（Curling）	3
冰球	冰球（Ice Hockey）	2
滑冰	速度滑冰（Speed Skating）	14
	短道速滑（Short Track Speed Skating）	9
	花样滑冰（Figure Skating）	5

2022 年北京冬奥会于 2022 年 2 月 4 日至 20 日在中国北京和张家口举行，这是中国历史上第一次举办冬季奥运会，也是中国继北京冬奥会、南京青奥会后第三次举办的奥运赛事。2022 年北京冬奥会上，北京赛区承办所有冰上项目，延庆和张家口赛区承办除滑雪大跳台之外的所有雪上项目。北京成为奥运史上第一个举办过夏季奥林匹克运动会和冬季奥林匹克运动会的城市，也是继挪威的奥斯陆在 1952 年之后时隔整整 70 年的第二个举办冬奥会的首都城市。2022 年北京冬奥会雪上项目增设跳台滑雪混合团体、自由式滑雪大跳台（男子、女子）、自由式滑雪空中技巧混合团体、单板滑雪障碍追逐混合团体小项。

冬奥会所设 7 个大项是指冬季运动竞赛项目，7 个大项分别由 7 个国际组织管理，它们分别是国际滑雪联合会（International Ski Federation，FIS）、国际冬季两项联盟（International Biathlon Union，IBU）、国际雪车联合会（International Bobsleigh and Skeleton Federation，IBSF）、国际雪橇联合会（International Luge Federation，FIL）、世界冰壶联合会（World Curling Federation，WCF）、国际冰球联合会（International Ice Hockey Federation，IIHF）、国际滑冰联盟（International Skating Union，ISU）。

依据国际滑雪联合会（FIS）的项目划分，冬奥会竞技滑雪项目主要包括以下几项（图 1–4）。

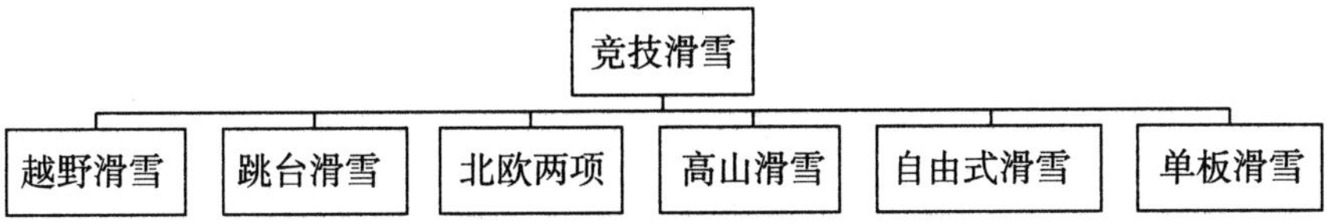

图 1–4　竞技滑雪项目

1. 越野滑雪

越野滑雪（Cross Country Skiing）起源于北欧，又称北欧滑雪，是世界运动史上最古老的运动项目之一，1924 年越野滑雪被列为冬奥会正式比赛项目，2022 年北京冬奥会越野滑雪共设置 12 个小项（图 1–5）。

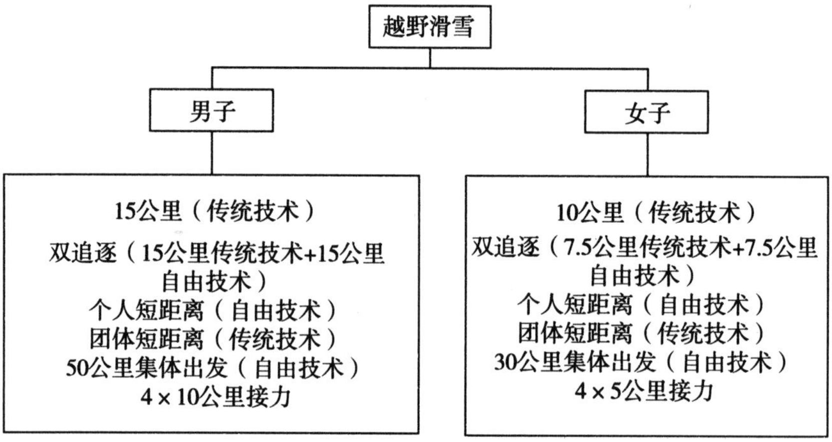

图 1–5　越野滑雪设项

越野滑雪比赛的场地由平地、上坡和下坡组成，三者各占 1/3；运动员借助滑雪用具，运用登山、滑行、滑降、转弯等技术进行竞技比赛；其中，滑行技术包括传统式和自由式两种，各占竞赛项目的 50%。

2. 跳台滑雪

跳台滑雪（Ski Jumping）起源于挪威，于 19 世纪末先后传入瑞士、瑞典、法国、意大利、美国和波兰等国家，1924 年跳台滑雪被列为冬奥会比赛项目。其中，唯一的女子项目女子个人标准台在 2014 年索契冬奥会才被列为正式比赛项目。2022 年北京冬奥会跳台滑雪将增设跳台滑雪混合团体比赛项目（图 1–6）。

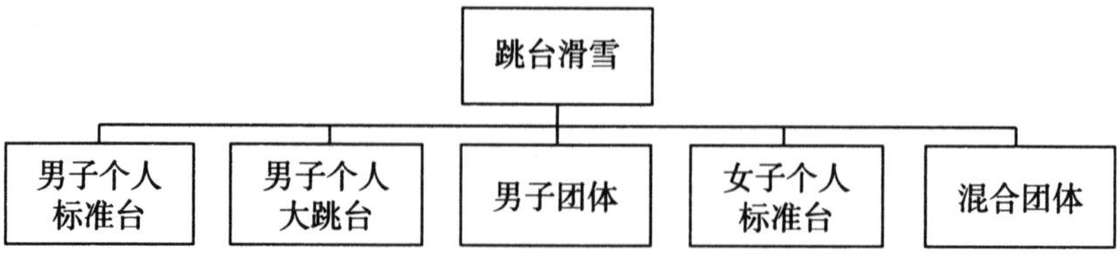

图 1–6　跳台滑雪设项

3. 北欧两项

北欧两项（Nordic Combined）起源于北欧，是北欧地区的传统项目，由越野滑雪和跳台滑雪组成。1883 年，北欧两项被列入霍尔门科伦滑雪大奖赛比赛项目，20 世纪初期开始向世界推广，1924 年北欧两项被列为冬奥会正式比赛项目。比赛时先进行跳台滑雪比赛，再进行越野滑雪比赛。2022 年北京冬奥会北欧两项共设置 3 个小项（图 1–7）。

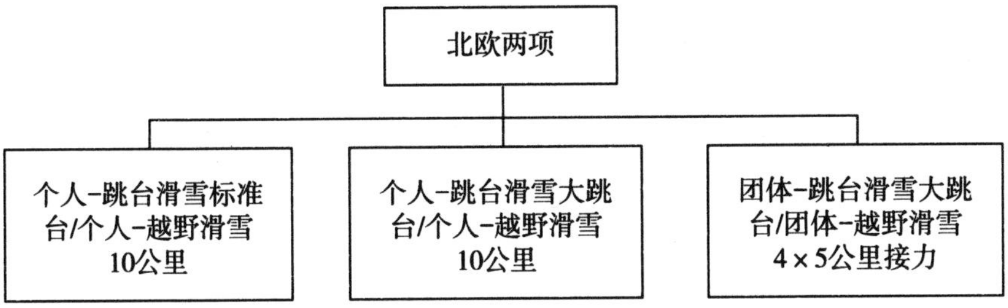

图 1-7　北欧两项设项

4. 高山滑雪

高山滑雪（Alpine Skiing）起源于欧洲的阿尔卑斯山地域，又称为“阿尔卑斯滑雪”。高山滑雪项目发展较晚，1936 年被列为冬奥会正式比赛项目，2022 年北京冬奥会高山滑雪共设置 11 个小项（图 1-8）。

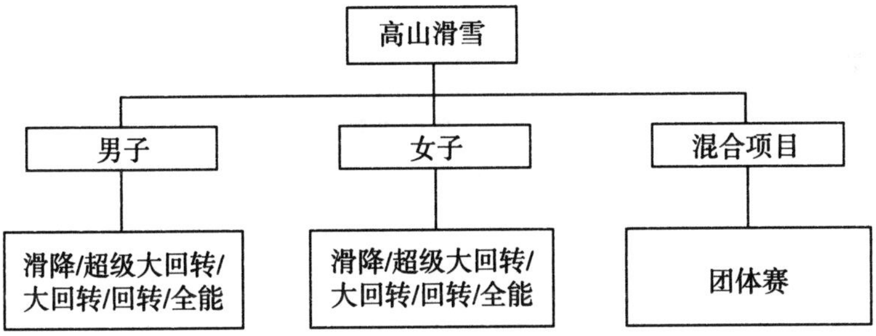

图 1-8　高山滑雪设项

5. 自由式滑雪

自由式滑雪（Freestyle Skiing）起源于 20 世纪 60 年代的美国，是在高山滑雪项目的基础上发展而成的。1971 年，在美国新罕布什尔州举行了世界上第一次自由式滑雪比赛，1992 年自由式滑雪被列为冬奥会正式比赛项目。2022 年北京冬奥会自由式滑雪增设空中技巧混合团体比赛项目（图 1-9）。

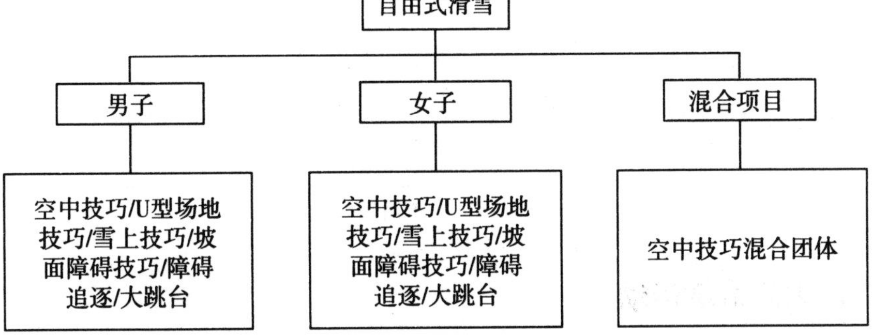

图 1-9　自由式滑雪设项

6. 单板滑雪

单板滑雪（Snowboarding）起源于 20 世纪 60 年代中期的美国，其产生的原因与滑板项目和冲浪项目有关，所以又被称为“冬季的冲浪运动”。1998 年单板滑雪被列为冬奥会正式比赛项目。2022 年北京冬奥会单板滑雪增设障碍追逐混合团体比赛项目（图 1-10）。

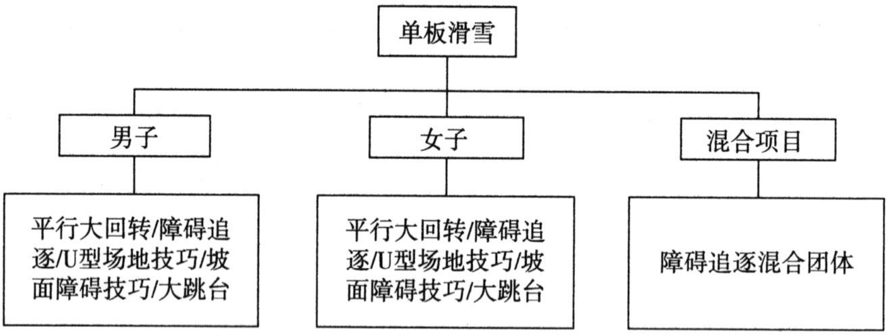

图 1-10　单板滑雪设项

7. 冬季两项

冬季两项（Biathlon）是由越野滑雪和射击两种特点不同的项目结合组成的比赛项目。冬季两项起源于斯堪的纳维亚半岛，由远古时代的滑雪狩猎演变而来。1924 年冬季两项被列为冬奥会表演项目，1960 年被列为冬奥会正式比赛项目，2022 年北京冬奥会冬季两项共设置 11 个小项（图 1-11）。冬季两项比赛跌宕起伏，在激烈的滑雪比赛中，进行 2~4 次射击，考验运动员的动静转换能力。

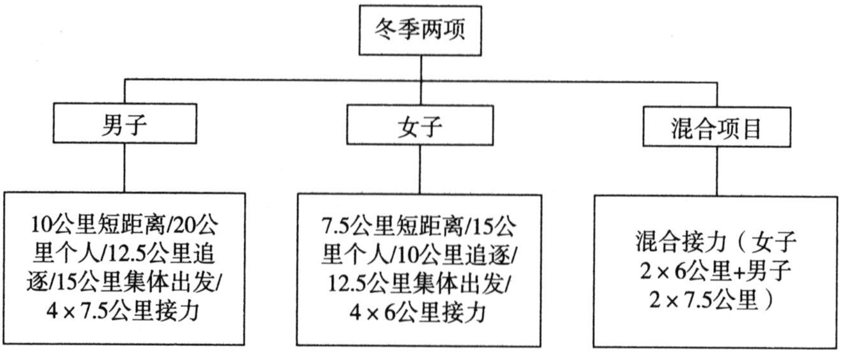

图 1-11　冬季两项设项

二、大众滑雪运动

在竞技滑雪项目中，有很多是大众参与不了的，其主要原因有两个方面：一是项目难度大、危险系数高，例如，自由式滑雪空中技巧要在空中完成连续的空翻动作，跳台滑雪要在空中长距离飞行，高山滑雪滑降的速度可达 100 千米 / 时等；二是由于场地设施和器材非常专业，限制了大众的参与度，例如，冬季两项中射击的部分使用了枪支，而世界上大多数国家对枪支都有非常严格的管控。

区别于竞技滑雪以创造优异运动成绩为主要目的，大众滑雪运动以安全、科学、快乐开展为主要出发点。从一种运动上升到了一种生活方式，人们以滑雪运动为载体，挥洒汗水、挑战自我。

目前世界范围内开展较好的大众滑雪项目有泰勒马克滑雪、高山滑雪、越野滑雪和单板滑雪等（图 1–12）。这些项目的共性都是安全系数较高，方便大众参与，且具有滑雪独特的刺激性，符合大众通过参与滑雪运动达到休闲、娱乐和健身的目的。

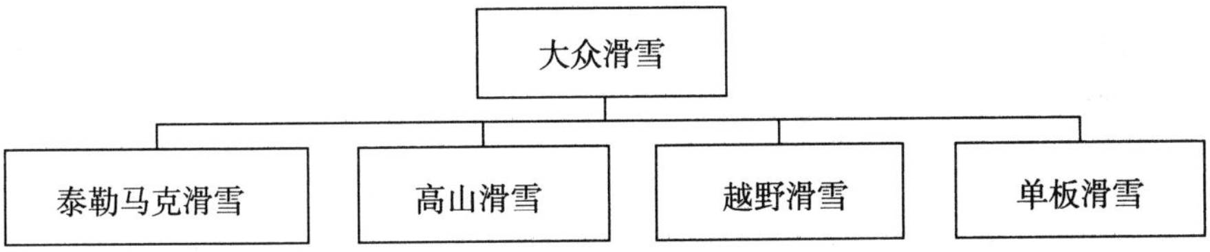

图 1–12　常见大众滑雪项目

1. **泰勒马克滑雪**（Telemark skiing）

18 世纪后期，科学技术的发展提升了生产水平，很多适用于生活的产品大量出现。许多技术高超的斯堪的纳维亚工匠制作出了带有固定装置的滑雪板，使脚跟可以自由移动。这种新型滑雪板更有利于滑雪者对滑雪板的控制，由此出现了“屈膝旋转”的滑行技术。由于这种滑行技术起源于挪威的泰勒马克郡,因此被叫作“泰勒马克滑雪”，它的诞生推动了近代滑雪文化的发展。

随着高山滑雪技术的普及，泰勒马克滑雪技术逐渐转变为适用于回转山势的高山滑雪技术。近年来泰勒马克滑雪开始在美国复兴。在欧洲也有很多纪念泰勒马克滑雪的节日，每年的三月底或四月初，意大利的利维尼奥都举办世界上最大的泰勒马克滑雪纪念活动。

2. **高山滑雪**（Alpine Skiing）

泰勒马克滑雪问世之后，随着滑雪文化的传播，人们开始挑战地形凹凸的高山丛林滑雪。

1890 年奥地利的茨达尔斯基创造了适合在阿尔卑斯山地域滑行的短滑雪板及滑行技术。这种滑行技术易于掌控，能在高速滑降时迅速转弯，由于它起源于阿尔卑斯山地域，因此被命名为“阿尔卑斯滑雪”（Alpine Ski），也就是今天的“高山滑雪”。

高山滑雪目前是中国群众基础最广泛、大众参与度最高的滑雪运动，该项目的健身性、娱乐性和观赏性吸引了众多的滑雪爱好者。高山滑雪又因为其运动形式惊险、刺激，发展趋势全面、快速而被视为大众滑雪运动的精华和象征。

3. 越野滑雪（Cross Country Skiing）

越野滑雪又称“雪上马拉松”，最早起源于挪威和瑞典。欧洲的冬季长达6~8个月，过去人们到积雪的森林或荒原打猎，不得不利用捆套在双脚上的滑雪板作为交通工具，北欧人将这种穿越森林和田野的滑雪活动称为越野滑雪。

越野滑雪通常在低山丘岭地带开展，从安全和健身角度而言，更具有广泛的参与性。

越野滑雪在欧洲开展较好，例如瑞典的瓦萨国际越野滑雪节，1922年3月首次举行，之后每年举办一次。瓦萨滑雪比赛项目为全程瓦萨90公里、半程瓦萨45公里和短程瓦萨30公里等，是世界上规模最大的大众越野滑雪赛事。2003年瓦萨国际滑雪节被引入我国，第一届中国瓦萨滑雪节在长春净月潭森林公园成功举办，比赛项目包括50公里越野滑雪、20公里越野滑雪、3公里越野滑雪和儿童瓦萨500米。

4. 单板滑雪（Snowboarding）

1965年美国的舍曼·波潘把两个滑雪板绑在一起，偶然中创造了两脚踩踏在一整块板上的新“滑雪板”。20世纪80年代开始，单板滑雪风靡美国，1982年举行了美国全国锦标赛，1983年举行了首届世界锦标赛，1990年成立国际单板滑雪联合会（ISF），1998年长野冬奥会首次举行了单板滑雪的比赛。

目前，单板滑雪是大众喜爱而且参与度较高的健身、休闲、娱乐运动。

大众单板滑雪通常被称为“单板滑雪”，大众双板滑雪和大众高山滑雪通常被称为“滑雪”，所以本书中涉及的滑雪技术、滑雪场地和滑雪装备等内容都与大众双板滑雪或大众高山滑雪相关。

思考与实训

1. 竞技滑雪和大众滑雪有什么区别？
2. 常见的大众滑雪项目有哪些？

模块二　滑雪场地设施与滑雪装备

学习目标

通过模块二的学习，全面了解滑雪场地、设施和滑雪装备，以及近几年被广泛应用的旱雪、模拟机等滑雪设备，掌握滑雪器材和装备的正确使用方法，才能实现保证安全，体验滑雪的快乐。

情景导入

“国家需要、我就去做”冰雪场上中国第一台雪蜡车

“精彩、非凡、卓越”的第24届北京冬奥会已经完美收官，我国以15枚的奖牌总数位列奖牌榜第三位，创造了中国冬奥历史上的最好成绩，同时，在赛场外，还有各行各业的服务保障团队为北京冬奥会刷新着绿色历史。为提升2022年北京冬奥会国家队的服务保障水平，2020年，国家体育总局委托山东开展雪蜡车研制工作。[1]

2021年1月4日，央视《焦点访谈》以《一起向未来 冰雪场上的中国智造》为题，对山东制造的中国第一台雪蜡车进行了报道。雪蜡车由山东多家企业历时近一年联合研发、生产而成，由山东重工集团旗下的中国重汽集团承制，集光伏发电、储能、5G工业互联、大数据、人工智能等技术于一身，共申报专利66项，其中发明专利21项，是保障北京冬奥会国家队滑雪项目训练竞赛的一项关键设备，该设备将长期服务于国家滑雪队（图2-1）。

图2-1　中国制造、生产的雪蜡车

[1] 融中财经.鑫国动力：从“不认识雪蜡车”到造出“中国第一辆雪蜡车”[EB/OL]. [2022-4-22].https://www.bilibili.com/read/cv16255123.

然而，不为大众所知的是，在接到这个研发任务时，用中国重型汽车集团有限公司应用工程开发中心专用车设计部副主任刘希平的话说：“是一脸茫然，后来通过上网查询，咨询有经验的运动员，才得知雪蜡车究竟是什么。”尽管如此，从接到国产雪蜡车研发任务到交付使用，研发团队只用了 11 个月的时间。

在国外只有一些越野滑雪运动非常发达的国家配备了雪蜡车。据不完全统计，全球正在使用的雪蜡车不足 10 台。在没有参照、从零开始、跨行业领域的情况下，国产雪蜡车的研发制造开始了。研制初期，指挥部带着研发人员四处调研学习，逐步建立起对雪蜡车的认知，一点点构建中国雪蜡车的雏形。实验室里，仅车体的各种外观设计图就贴满了半幅墙面，最紧张的时候，设计人员一天只睡两个小时。终于，这台“新生儿”雪蜡车诞生了，打破了冰雪强国对雪蜡车的垄断，是目前世界上单层展开面积最大、集成功能最全的雪蜡车，赶超了国际同类型产品，系“国内首创、世界领先、完全国产”，实现了国内第一台具有完全自主知识产权雪蜡车的重大突破，谱写了“中国智造”的新成就。

正是体育人的坚持和科技工作者们凭借不懈努力、自主创新，才将核心制造技术、传统中国制造、现代制造技术与体育强国、科技强国，融入文化自信、大国工匠精神及科学创新精神，最终完成实现中华民族伟大复兴的奋斗目标。

任务一　熟悉滑雪场地

一、场地和难度

我们所说的滑雪场地一般是指常见的以高山滑雪和单板滑雪为主的大众滑雪场地（图 2–2），通常根据难度差异划分雪道级别。

图 2–2　大众滑雪场地

在中国分别用绿色、蓝色和黑色标识初、中、高级雪道（图 2–3）。

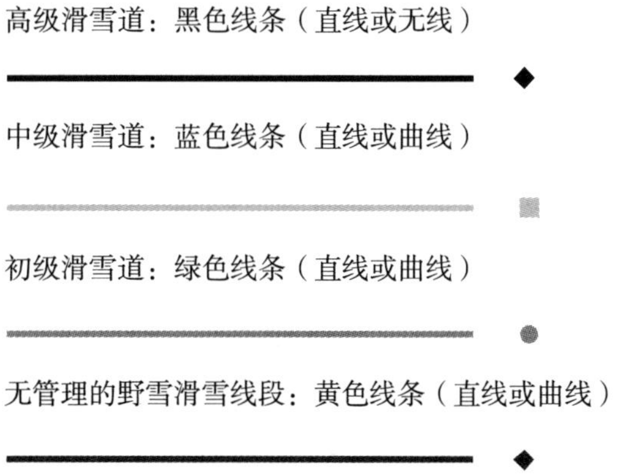

图 2–3　雪道难度标识

初级滑雪道平整宽敞，平均坡度不超过 10°。

中级滑雪道的平均坡度为 10°~18° ，最大坡度不超过 22°。

高级滑雪道的平均坡度超过 18°，最大坡度超过 22° 。

世界上不同地区标识雪道的颜色略有差别，大型雪场有几十条甚至上百条雪道，有的会用双黑等图示标识难度更大的雪道，以满足滑雪爱好者健身娱乐和专业选手训练比赛的需求。

我们还要了解另一个坡度概念“坡比”，又称“斜率”或者“百分比坡度”。

坡比：场地（雪道）垂直高度与水平距离的比值，即坡角“α”的正切值“tan α”。例如，水平距离 100 米的雪道如果垂直落差 60 米，那么它的坡比（百分比坡度）就是 60%（图 2-4）。

图 2-4　坡比

由此我们可以换算出坡比 100% 相当于坡度 45°，坡比 55% 相当于坡度 25°，坡比 40% 相当于坡度 18°，坡比 25% 相当于坡度 11°，坡比 12% 相当于坡度 7°；最缓的初学坡，国外通常叫“兔子山”（bunny），它的坡比是最小的（图 2-5）。

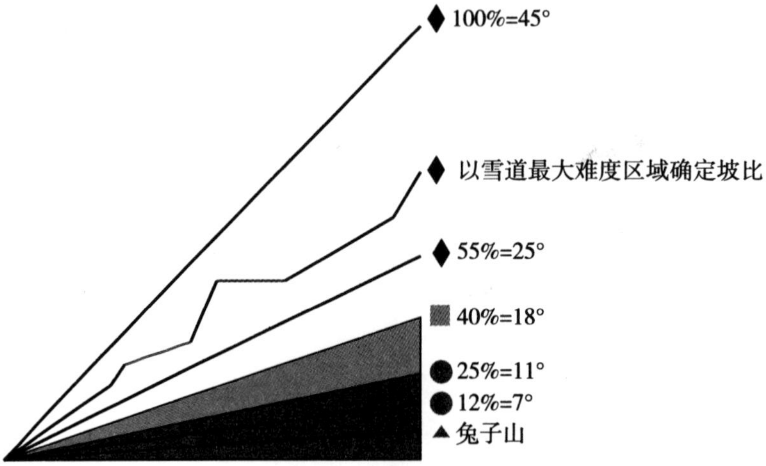

图 2-5　坡比和坡度

各国滑雪场的雪道难度标识略有不同，常见的有以下设计（图 2–6）。

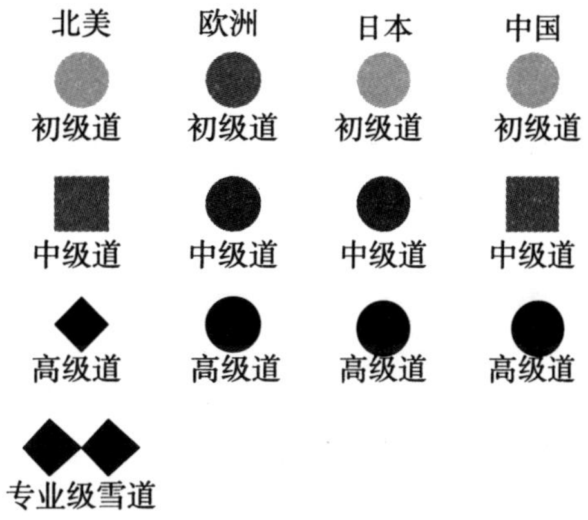

图 2–6　不同的雪道难度标识

绿道相当于初级雪道（欧洲是蓝道），是相对简单的雪道，一般都是比较宽的机压雪道，坡比在 6%~25%。欧洲的绿道是初学者、儿童雪道，比初级雪道更容易。

蓝道是中级雪道（欧洲、日本是红道），坡度相对陡一些，坡比一般在 25%~40%，也是机压雪道，在雪场的雪道中占比最高，也是滑行人数最多的雪道。

黑道（或黑钻）是高级雪道，坡比超过 40%，可能压雪也可能不压雪，每天的雪道信息会标明，有各种凸起及滑过后留下的各种沟槽，还可能有岩石等障碍物或者在冰川上滑行。

双黑道（或双黑钻）是专业级雪道，这种雪道为最有经验的滑雪者设计，雪道上有陡坡和障碍，需要滑手具备较高的滑行技术、充沛的体力和应对各种突发状况的滑行经验。

另外，国外雪场还包括地形公园，国内一般称之为单板公园，雪道上会设置各种跳台和道具等滑行障碍；野雪道就是国内说的滑野雪，由于地形复杂，需要跟随团队并由专业教练带领队伍滑行。

获得国际雪联认证（即 FIS 认证）的雪道表明其已经达到了举办相应级别滑雪比赛的标准，这是一个滑雪场跻身于世界一流行列的标志。

二、设施和使用

1. 索道

索道是从山下到山上运送滑雪者的机械装置，是雪场方便滑雪者到达雪道的必备设施。根据雪道的坡度与长度可配置魔毯、拖牵、吊椅和吊厢。

图 2–7　魔毯

魔毯运行原理类似于滚动电梯，一般用于坡度比较平缓的初级雪道。滑雪者呈站立姿势，将两脚平行置于传动带上，靠传动带带动向上运行。传动式索道一般速度很慢，传送线路也比较短（图 2–7）。

拖牵式索道为缆绳输送，一般用于初、中级雪道的输送，相比传动式索道其输送路线要长一些。常见的有 T 形拖牵（图 2–8），英文叫“T–bar”。

吊椅一般有 2~6 个座位，用于中、高级雪道的输送，其特点是输送速度快、输送路线较长（图 2–9）。

图 2–8　T 形拖牵

图 2–9　吊椅

乘坐吊椅时，双脚平行朝山上方向站好，两只滑雪杖握在一只手中，转头看向吊椅来的方向；吊椅抵达后，没拿滑雪杖的手扶座位，坐到椅子上；放下吊椅前的防护栏，将滑雪板放到吊椅下的踏杆上。

接近下吊椅地点时，将滑雪板抬离踏板，打开防护栏，板头稍抬起；到下吊椅地点时，双脚着地，迅速站起，向前滑行离开索道。

吊厢式索道为封闭的缆车输送，可容纳多人，一般设置在大型滑雪场的长线路雪道上（图 2–10）。乘坐吊厢时要求乘客脱掉滑雪板，将滑雪板放到吊厢外的板槽内，下站后再将其取出。

图 2–10　吊厢

2. 造雪设备

雪场常用的造雪设备包括造雪机、造雪枪、塔炮等，造雪设备的主要原理是把水高压喷射雾化后，在外界冷空气的作用下，水分子遇冷凝结形成人造雪（图 2-11）。

图 2-11　造雪机

3. 压雪车

压雪车是维护滑雪场地的专用车辆，具有推雪、平整、压雪、修建专用场地的功能。压雪机通常使用履带式牵引，在布满冰雪的陡峭斜坡上也能够正常行进（图 2-12）。

图 2-12　压雪车

4. 雪地摩托

雪地摩托是滑雪场内重要的交通工具，其方便快捷、用途广泛，是用于巡逻、救援、输送的专用车辆（图 2-13）。

图 2-13　雪地摩托

5. 安全设施

为了及时救助意外受伤者，滑雪场要配置安全巡逻员和运送伤员的救援设备，交通不便的场地还应配有应急救援的交通工具（图 2-14）。在雪道两侧和容易发生事故的地方还应设置防护网（图 2-15），以保护滑雪者的人身安全。

图 2-14　救援设备

图 2-15　防护网

三、旱雪和模拟设备

近几年以冰雪运动为代表的新兴体验业态正成为国内各大商场争相培育的“宠儿”。2019 年国内有近 400 台智能化室内滑雪机进入北京、上海、杭州等城市的购物中心和滑雪场馆，而且数量仍在递增。

在冰雪运动开展较早、市场更为成熟的欧美国家，室内滑雪机、旱雪等滑雪设备和技术更多地被应用于专业或业余的滑雪训练，并作为非雪季滑雪训练替代场地。而在中国，随着冰雪运动的普及和大众滑雪水平的提高，这类器材装备更多出现在了购物中心、游乐园、运动综合体内。

1. 旱雪

“旱雪”其实并不是雪，而是由金属和工程塑料合制而成的特殊地面——旱雪毯（图 2-16）。因为每根“雪”都是和金针菇形状相似的柱状体,因此也被称为“金针菇”。一根根“金针菇”根据需要拼接铺设成“旱雪毯”，并可以按区块拆装。

“金针菇”耐磨、不易断且极富弹性，所以当滑雪板与其接触时，会实现滑行、转弯和急停等不同的摩擦系数，形成如同真雪一样的滑行效果。作为夏季滑雪训练的辅助手段，旱雪在滑雪发达国家已被广泛使用。“金针菇”是旱雪产品的第三代，不仅环保、节能，运营成本低廉，而且安全系数非常高。与此同时，在喷雾和滑雪板打蜡的情况下，旱雪的仿真度极高，使用的滑雪板和技术动作也与滑真雪一模一样。滑旱雪使用的雪具护具和真雪完全一样，但不再需要穿着厚厚的滑雪服，只需轻便着装，就能体验雪上的速度与激情。

图 2-16 旱雪场地

2. 滑雪模拟机

图 2-17 滑雪模拟机

滑雪模拟机的原理与跑步机类似，滑雪者在铺有雪毯的大型模拟雪坡上向下滑，雪毯下的传送带向上滚动，形成长度无限的雪道（图 2-17）。滑雪模拟机的坡度可以调节，无论对“菜鸟”还是高手都适用。不同型号的滑雪模拟机可以容纳不同数量的滑雪者，最小的滑雪模拟机可容纳 1~2 人，最大的滑雪模拟机可容纳 4~6 人。

除此以外，还有多种滑雪模拟器，有的类似于电脑游戏，系统利用 3D 成像技术在大屏幕上形成全景画面，体验者脚踩固定器即模拟滑雪板，在设备上左右移动身体模拟滑行。电脑不仅可以虚拟滑行路线和景观，甚至可以模拟不同雪质和轻微颠簸。滑行时，传感器还将跟踪记录滑雪者的速度、姿势、轨迹等，让滑雪者的滑雪体验“数据化”。

思考与实训

1. 中国雪道难度如何标识？
2. 坡角和坡比有什么区别？
3. 旱雪和滑雪模拟机的特点是什么？

任务二　熟练使用滑雪装备

大众滑雪装备通常分为双板滑雪和单板滑雪两大类，双板滑雪装备通常指大众高山滑雪装备。

一、基本装备

1. 滑雪服

滑雪服具有保暖、防风、防水、吸汗、耐磨等作用。滑雪服一般分为竞技滑雪服和大众滑雪服。其中竞技滑雪服以连体式为主，根据不同项目进行不同设计，具有轻便、安全、减少空气阻力的特点，更注重比赛成绩的提高；大众滑雪服一般为分身式，以舒适、美观、实用为主（图 2–18）。

图 2–18　滑雪服

选择滑雪服时应注意，除专业比赛服外，不能选择太小或太紧的服装，那样会限制滑行动作。滑雪服的外料应选用耐磨、防风、防水的材料，内层应选用保暖、透气的材料。滑雪服的开口要以大拉链为主，拉链头要大，这样戴手套也方便操作。从颜色上看，最好选用与雪色反差较大的醒目颜色。

2. 滑雪板

高山滑雪板的种类很多，通常可分为道内滑行滑雪板、全地域滑雪板、旅游滑雪板和公园及 U 型场地滑雪板等（图 2–19）。

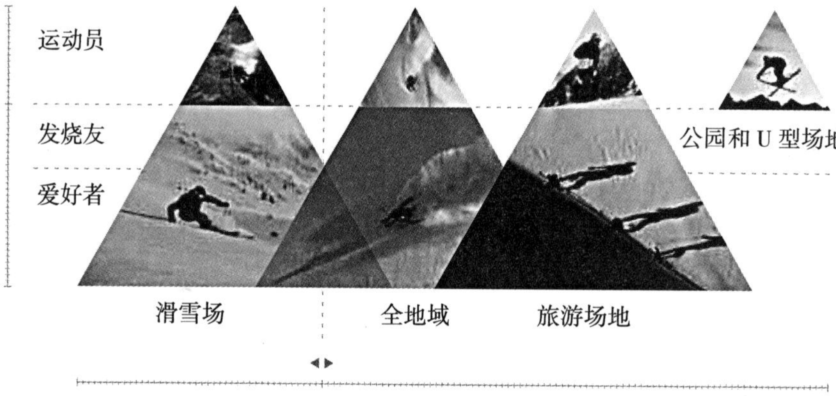

图 2-19　滑雪板的种类

图 2-20　高山滑雪板

高山滑雪板由板头、板腰和板尾组成（图 2-20）。板头和板尾宽且薄，板头端翘起。板腰厚、窄，且有一定的弧度，使滑雪板可以均衡承受人体的重量，减少摩擦力，提高滑行速度。高山滑雪板具有两头宽、中间窄的特点，转弯时更容易控制。

滑雪板的长度、宽度、弧度和硬度等决定了滑雪板的性能。滑雪板越长，滑行速度越快、越难控制；相反，滑雪板越短，滑行速度越慢、越容易控制。

挑选滑雪板的时候，还必须考虑自己的身高、体重、年龄、滑行技术等方面因素，使滑雪板在长度、重量、弹性和硬度等方面与自身情况相符。具有不同经验和技术的滑雪者，对滑雪板的长度、重量、弹性和硬度也有不同的要求。初学者最好选用轻便、弹性好、长度适中的滑雪板，选择滑雪板长度时，可以立直滑雪板，其高度一般在下颌与额头之间为合适（图 2-21），儿童滑雪板则应再短一些。

图 2-21　滑雪板的长度

3. 固定器

（1）固定器的构成及作用

高山滑雪固定器是连接滑雪鞋和滑雪板的

装置（图 2–22）。固定器的首要作用是将滑雪鞋固定在滑雪板上，次要作用是在滑雪者摔倒时，可以使滑雪板自动脱落，避免人员受伤。固定器由前部、中部、后部三部分组成，前部和后部可将滑雪鞋与滑雪板固定在一起，其上面有显示和调节松紧强度的装置。前固定器在横向外力过大时（侧摔）自动脱开；后固定器在纵向外力过大时（前摔）自动脱开；中间部分的垫板可以减少滑雪鞋与雪面的摩擦，提高转弯的速度和效果。固定器上的锁固柄可把固定器锁住或松开。

图 2–22　固定器

止滑器作为固定器的一部分位于固定器中后端（图 2–23），当滑雪鞋固定于滑雪板上时止滑器收起，当滑雪鞋脱离滑雪板时止滑器弹出。止滑器有两个作用，当滑雪者摔倒，滑雪板脱离滑雪鞋时，可以防止滑雪板滑下山坡发生意外；当两只滑雪板底面相对时，止滑器协助双板扣紧，方便滑雪者携带滑雪板。

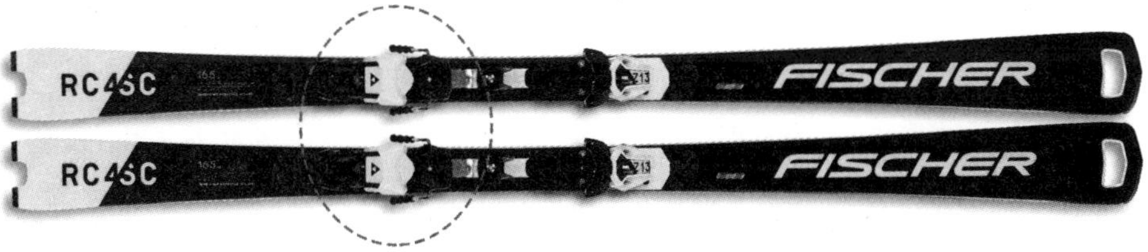

图 2–23　止滑器

（2）固定器的安装与调节

固定器分为前后两部分，可以通过扭转调节螺丝（也有简易的手动调节式固定器）调整固定器的大小，使其与滑雪鞋长度匹配，当调整到适合滑雪鞋的长度时将其锁住。前固定器的卡槽用来固定滑雪鞋的前部，在卡槽的两边装有两个具有弹性的挡板，主要用来卡住滑雪鞋，使滑雪鞋不再左右移动，其强度的大小也可以随需要来调节。

（3）固定器的强度

固定器的强度通过调节 DIN 指数来改变（图 2–24）。滑雪者根据自己的身高、体重和技术水平等因素来确定固定器强度的大小。如果固定器的强度过大，摔倒时滑雪板则不能脱落，容易造成意外损伤；反之，固定器的强度过小，正常滑行时滑雪板容易脱落，同样会给滑雪者造成意外损伤。为了保证滑雪运动中的舒适感和安全性，应合理调节 DIN 指数。

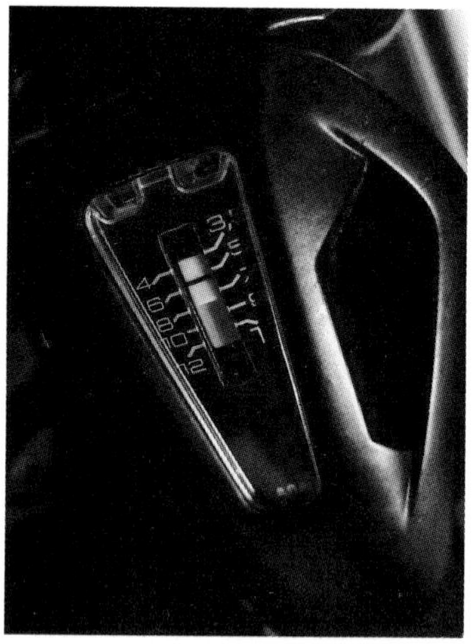

图 2-24　固定器 DIN 指数

4. 滑雪鞋

（1）滑雪鞋的构造

滑雪鞋对滑雪者的脚和踝关节有固定、保护、保暖等作用（图 2-25）。滑雪鞋由外壳和内靴两部分组成。外壳从鞋面到鞋底都很坚固，不怕碰撞，而且防水。滑雪鞋上有调整松紧的卡扣和调节前倾角度的装置，内靴由化纤织物等松软、保暖的材料组成，对脚部有保护和保温作用，有的内靴还可以根据脚型定制。

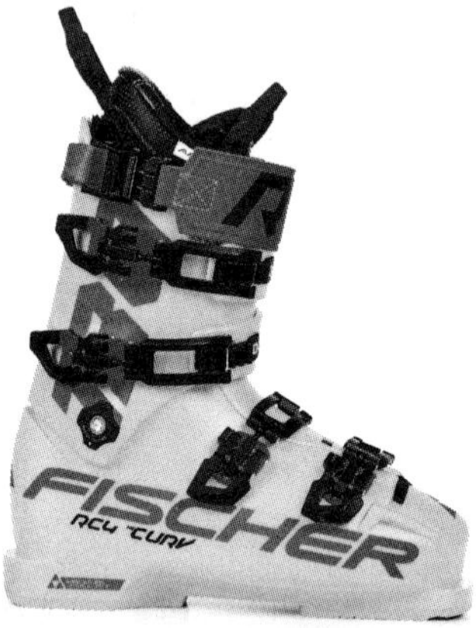

图 2-25　滑雪鞋

（2）滑雪鞋的种类

雪具店的滑雪鞋有很多种，滑雪鞋从功能上可分为竞技滑雪鞋和大众滑雪鞋。竞技滑雪鞋抗扭曲度高，硬度大，鞋靿较高，鞋的包裹性较好；而大众滑雪鞋抗扭曲度相对较低，硬度小，鞋靿矮，有的鞋靿后部可打开，便于穿脱。此外，还有专门为女士和儿童设计的女士鞋和儿童鞋。

（3）穿脱滑雪鞋

穿上雪鞋要使滑雪者感到合脚、舒适，包裹性强，脚趾在鞋中能适当活动。初学者可选择轻便、灵活、富有弹性的雪鞋，外壳上的卡扣要扣紧。经验丰富的滑雪者，应选择舒适、合脚，适合自己的滑雪鞋，以提高对滑行姿态和滑行路线的控制。

穿滑雪鞋时，先打开鞋靿及鞋面上的卡扣，穿鞋后用脚跟踩地穿实，然后从鞋面前部开始依次扣紧卡扣及加固带，适度地调节松紧（图 2-26）。如果出现过紧或过松的感觉，可再次调节卡扣达到舒适为止。竞技滑雪鞋除用卡扣调节松紧之外，还可以调节鞋靿的前倾角度。

脱掉滑雪鞋时，先清除鞋面的覆雪，然后松开卡扣和加固带，脚从鞋内抽出后，将鞋卡扣和加固带大致扣好即可。

图 2-26　穿脱滑雪鞋

5. 滑雪杖

（1）滑雪杖的作用

滑雪者可以在滑行时通过点杖来控制平衡、引导转向，在行走和登坡时以支撑滑雪杖来提高平衡并增加动力。滑雪杖的杖杆部分由轻铝合金或碳纤维制成，上端有杖柄和握革带便于握杖和防止脱滑，下端为杖尖和雪轮，杖尖可以使滑雪杖插入雪面，雪轮可以防止插入雪面过深（图 2-27）。有时候会用不同的雪杖满足特殊的滑行需求，例如竞技滑雪中用以适应高速下滑时卷曲身体所需的弯杖。

（2）滑雪杖的选择

滑雪者一般要选择比自己的身高低 45~50 厘米的滑雪杖，正确的测量方法是穿滑雪板站立，手握杖柄撑地，如果前臂与地面基本平行，即肘关节约为 90°，那么滑雪杖的长度是适宜的。在不穿滑雪板的情况下，滑雪者可以倒置滑雪杖，手握雪轮下方，如果前臂与地面基本平行，即肘关节约为 90°，那么滑雪杖的长度是适宜的（图 2-28）。

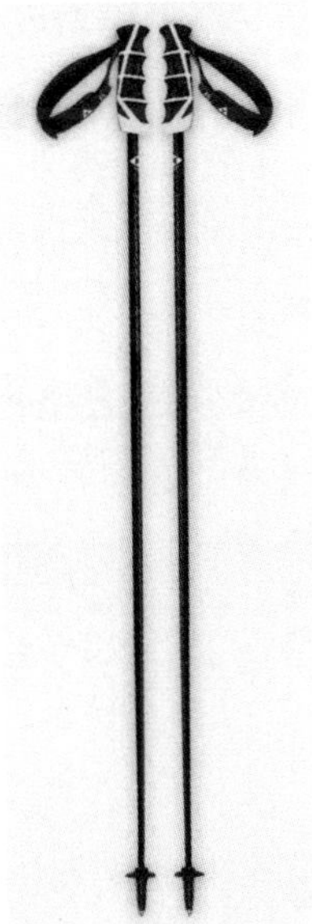

图 2-27　滑雪杖

图 2-28　雪杖的选择

二、其他装备

1. 头盔

滑雪头盔为硬质材质注塑而成（图 2-29）。一般在头盔前部配有排气孔，以保证通风透气。滑雪头盔不仅有保温作用，还有保护头部和颈部的作用，为了滑雪安全，滑雪者在滑行时应佩戴头盔。选择滑雪头盔在注重舒适度的同时还应该注重头盔的安全性，应选择有安全认证的滑雪头盔。

图 2-29　头盔

2. **滑雪镜**

滑雪镜具备防风、防雪、防紫外线，以及保护滑雪者眼部安全的功能（图 2-30）。滑雪镜片已由单层发展为双层，可以防止阳光直射和雪地的反射光对滑雪者眼睛的伤害。另外，镜片有防雾镀膜层，同时眼镜的结构也起到防雾的作用。

图 2-30　滑雪镜

选择滑雪镜时首先应考虑滑雪镜的质量，以及透气、除雾的效果。滑雪镜分为欧洲版和亚洲版，欧洲版的滑雪镜鼻托位置较高，矮鼻梁的人戴了会漏风，滑行时水汽通过鼻梁缝隙进入眼镜使镜片起雾，建议亚洲人佩戴亚洲版的滑雪镜，或者给欧洲版的滑雪镜加佩鼻托，也可以起到防雾效果。另外，选择滑雪镜还要考虑样式和佩戴的舒适度。

3. **手套**

由于滑雪者经常需要用手去整理滑雪器材和持握雪杖，因此，滑雪手套是滑雪者的必备用品。滑雪时尽量选择宽大的滑雪手套，手套腕口要长，最好能将袖口套住，滑雪手套要保暖、防水（图 2-31）。

图 2-31　滑雪手套

4. **护具**

滑雪技术需要速度、力量和技巧的完美结合，高速滑行中还需要较高的平衡能力和控制能力，因此滑雪运动具有一定的危险性。为了减少意外损伤的发生，滑雪者可在练习时穿上护甲、护臂等，尤其是初学者和竞技滑雪者更有必要穿着护甲以保证滑雪运动时的安全。

5. 雪具包

滑雪装备需要用专门的雪具包收纳，滑雪板有单独的板包，而其他装备，例如滑雪头盔、滑雪镜、滑雪服和短期生活用品等就需要用一个实用的箱子或背包收纳（图 2–32）。滑雪者可根据自己装备的多少和个人喜好选择收纳功能强大、结实耐用且便于旅行托运的雪具包。

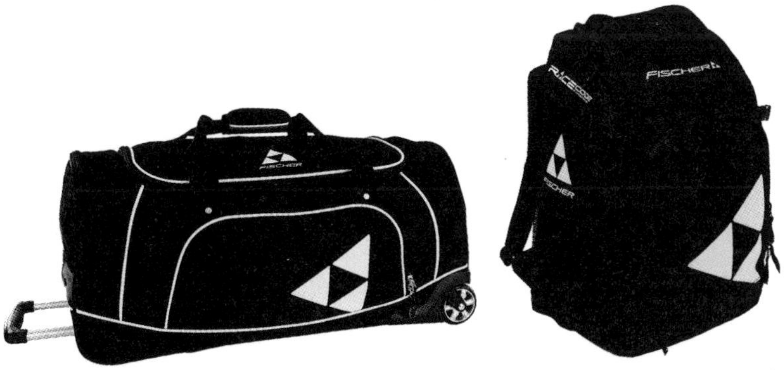

图 2–32　雪具包

思考与实训

1. 双板滑雪装备有哪些？
2. 如何选择高山滑雪板的长度？
3. 滑雪镜和滑雪头盔的作用是什么？

模块三　双板滑雪基础技术

学习目标

通过模块三的学习，使学生熟悉平地和缓坡滑行的基础技术，掌握安全摔倒与站起、直滑降与制动等技术。

情景导入

“拼搏进取、创造佳绩”中国北欧两项队迎来冬奥首秀

自 1924 年第一届冬奥会起，北欧两项便是冬奥赛场上的独特存在，这不仅因为其是冬奥会迄今为止唯一一个只设男子比赛的项目，还因项目本身对参赛者的胆量、体能、耐力、技术等进行全能较量。

北欧两项由跳台滑雪和越野滑雪组成，被公认为难度系数最高的冬季运动项目之一。跳台滑雪需要具备起跳的瞬间爆发力和空中飞行阶段的身体协调能力，以获得更好的飞行距离；越野滑雪需要运动员具备强大的心肺能力和体能，以支持高强度的体力输出。

2021 年 11 月举行的国际雪联北欧两项洲际杯比赛中，中国队经过奋力拼搏获得一张珍贵的冬奥会入场券。拿到冬奥会参赛资格不是我们的终点，而是通过比赛来提升技术、补强短板，全力展现中国运动员的风采。

2022 年 2 月 9 日，北京冬奥会北欧两项在国家跳台滑雪中心和国家越野滑雪中心迎来首个比赛日（图 3–1），个人标准台 +10 公里越野滑雪赛、个人大跳台 +10 公里越野滑雪赛和团体大跳台 +4 × 5 公里越野滑雪接力赛 3 个小项的比赛进行至 2 月 17 日，共产生三枚金牌。中国北欧两项队迎来冬奥首秀[1]。

[1] 周万鹏，秦婧 . 北京冬奥会 · 北欧两项 | 前瞻：北欧群雄争锋　中国冬奥首秀 [EB/OL].[2022–1–29].http://zhongguobingxue.com/information/detail/26166.

图 3-1　北京冬奥会国家跳台滑雪中心

任务一　学习平地基础技术

扫描二维码
观看视频

技术术语

滚落线：假设在坡面顶端放置一个球体，它在重力作用下，沿坡面自由向下滚落的轨迹就是“滚落线”（图 3–2）。

图 3–2　滚落线

一、穿脱滑雪板

1. 穿滑雪板

动作要领：先清理干净鞋底的雪和杂物，滑雪鞋前部伸进前固定器的凹槽里，滑雪鞋后跟部对准后固定器用力踩下，按同样的步骤穿另一只滑雪板（图 3–3）。

1　2　3　4　5

图 3–3　穿滑雪板

2. 脱滑雪板

动作要领：脱滑雪板时用滑雪杖尖或手向下压后固定器的锁固柄，使鞋跟向上弹起，然后松开滑雪鞋后部，将滑雪鞋提离滑雪板，再用同样的方法脱掉另一只滑雪板（图 3–4）。

图 3–4　脱滑雪板

教学指导：在平地穿脱滑雪板，没有严格的顺序要求。如果在雪坡上穿滑雪板，应该先穿山下板，再穿山上板；脱滑雪板时，应该先脱山上板，再脱山下板。

二、平地行走

动作要领：只穿滑雪鞋不穿滑雪板，两腿交替向前迈出，双手持滑雪杖在身体两侧辅助平衡（图 3–5）。

1　　2　　3

图 3–5　平地行走

教学指导：目视前方。在行走过程中，双臂应协调配合，自然摆臂，用滑雪杖支撑辅助平衡。

三、交替滑步

动作要领：左杖插入雪面向后撑动，左腿带动滑雪板向前滑动，同时右杖前摆；右杖插入雪面向后撑动，右腿带动滑雪板向前滑动，同时左杖前摆；连续交替运动完成交替滑步（图 3–6）。

图 3-6　交替滑步

教学指导：交替滑步与陆上行走基本相似，双板交替向前迈出，但滑雪板不要抬离雪面，保持滑雪板贴在雪面上滑动前行。滑步过程中两腿与髋同宽，两板保持平行，迈出的步伐不宜过大。

注意在交替滑步的过程中，两板始终保持平行向前滑动，避免出现外八字的板型（图 3–7）。

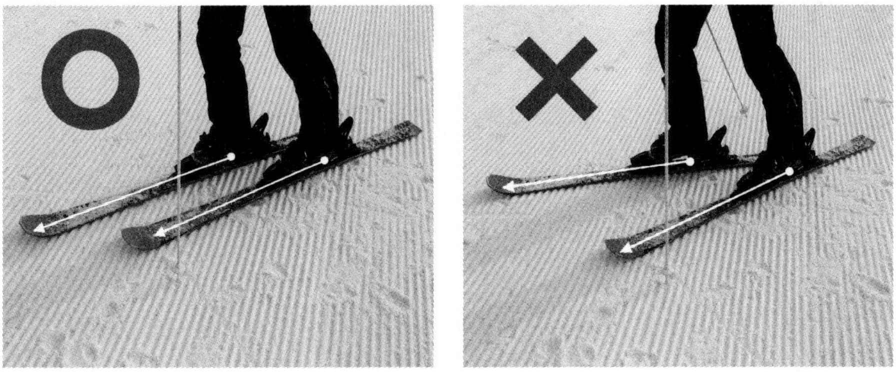

图 3–7　滑雪板的方向

四、平地热身

1. 雪地走跑

动作要领：平地的热身运动可以调整肌体尽快进入运动状态，有效防止运动损伤的发生；平地热身通常先不穿滑雪板在平地做走跑结合的雪地走跑练习（图 3–8）。

图 3–8　雪地走跑

教学指导：将滑雪板和滑雪杖放在雪地上，先围绕滑雪板行走，然后进行慢跑练习，中间可穿插加速跑、反向跑，直到身体微微出汗。

2. **原地拉伸**

动作要领：雪地走跑练习之后，可以穿上滑雪板做原地拉伸。首先穿上滑雪板，两腿前后拉开，做弓步拉伸；一只滑雪板再向一侧打开，做侧向拉伸；抬起一只滑雪板，用板尾卡住雪面，立起滑雪板，上体前倾进行拉伸（图 3–9）。

1　　2　　3

图 3–9　原地拉伸 I

向后抬起一只滑雪板，用板尖卡住雪面，小腿折叠拉伸大腿前部肌群；上体前屈双手撑于地面，拉伸双腿的后部肌群，注意双板不要抬离雪面；双手撑杖，降低重心，下蹲使臀部尽量贴近滑雪板进行拉伸（图 3–10）。慢慢抬高重心，恢复到自然站立姿势。

1 2 3

图 3-10 原地拉伸 II

教学指导：练习时间和练习强度要适当，通过拉伸可以适度增加关节、韧带、肌肉的活动范围，为雪上技术练习做准备，提高练习效果，预防运动损伤。准备活动还可以根据情况增加其他专门性练习。

五、推进滑行

动作要领：双杖前摆同时身体重心向前移动；双杖在固定器的前端两侧插入雪面；降低重心，上体下压，双臂向后用力撑动（图 3-11）。动作结束后，上体自然抬起，靠惯性向前滑行，准备下一次推进。

图 3-11 推进滑行

教学指导：滑行过程中，两臂同步摆动，向后撑杖时应有效利用体重向下施加压力，撑动滑雪杖直至双臂伸直。

六、蹬冰式滑行

动作要领：左板用内刃刻住雪面向侧蹬出，双臂在身体两侧向后撑杖，右腿支撑向前惯性滑行；蹬动腿抬离雪面并迅速向支撑腿靠拢，此时交换重心，右板用内刃刻住雪面向侧蹬出，同时双臂在身体两侧向后撑杖，左腿支撑向前惯性滑行；连续交替蹬动滑行（图 3-12）。

图 3-12　蹬冰式滑行

教学指导： 蹬冰式滑行是增加滑行速度的技术，主要适用于平地、缓坡，以及滑行时需要加速的阶段，如高山滑雪比赛的出发阶段。这项技术与滑冰技术相近，滑行者需要具备较好的单腿滑行能力、重心快速移动能力和身体平衡能力，所以学习起来并不容易。

七、转向技术

1. 原地踏步转向

原地踏步转向技术有两种，分别采用滑雪板前端固定和后端固定来实现转向。

（1）前端固定原地转向

动作要领： 双板平行原地站立，一只板的板头固定，板尾向外侧移动分开；另一只的板头固定，板尾收拢至双板平行；保持板头间距不变，以板头为圆心连续重复向一侧转动（图 3–13）。

图 3–13　前端固定原地转向

教学指导：在坡面进行前端固定原地转向时，板头不能朝坡上，滑雪板的前端始终保持较小的距离。

（2）后端固定原地转向

动作要领：双板平行原地站立，一只板的板尾固定，板头向外侧移动分开；另一只板的板尾固定，板头收拢至双板平行；保持板尾间距不变，以板尾为圆心连续重复向一侧转动（图 3–14）。

教学指导：在坡面进行后端固定原地转向时，板尾不能朝坡上，滑雪板的后端始终保持较小的距离。

图 3–14　后端固定原地转向

2. 原地 180° 转向

动作要领：双板平行站立，滑雪杖撑于身体两侧；左板承重，右板向前立起；抬起右杖，右侧板以板尾为轴向后转动 180° 落地并承重，上体跟随转动，右杖落地支撑；抬起左杖，左板抬离雪面跟随转动 180° 与右板平行后落地。滑雪杖在整个转动过程中要配合身体的运动并辅助身体平衡（图 3–15）。

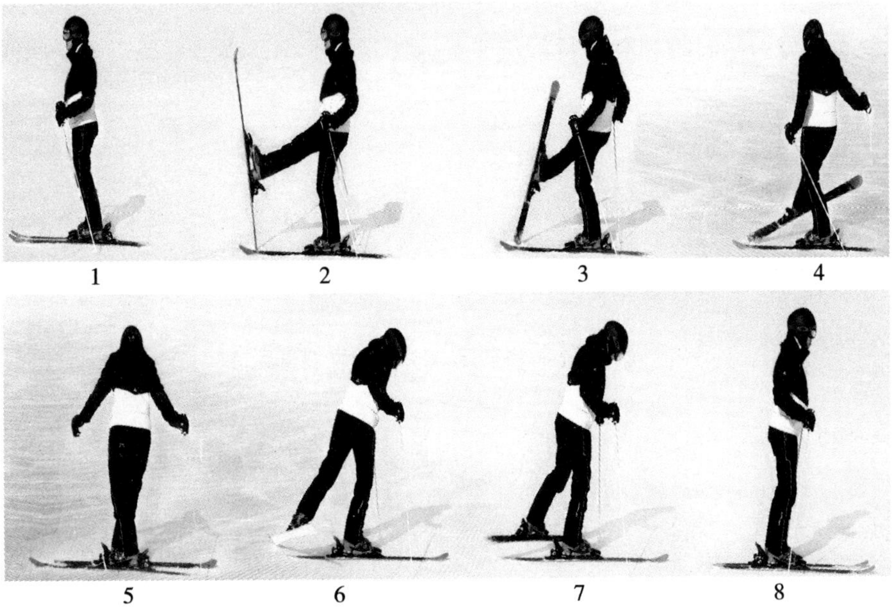

图 3–15　原地 180° 转向

教学指导：在坡面做原地 180° 转向时，山上板承重，先转动山下板，后转动山上板，双板要始终与滚落线垂直。

3. 原地跳转

动作要领：降低重心，呈下蹲姿势，然后迅速向上跳起收腿，上体带动全身在空中完成 90° 转向，伸展身体，双板同时落地，落地后迅速屈膝缓冲（图 3-16）。

1　2　3　4

图 3-16　原地跳转

教学指导：在起跳和腾空阶段应尽量保持双板平行，落地后要迅速屈膝缓冲，保持平衡。

思考与实训

1. 推进滑行的动作要领是什么？
2. 蹬冰式滑行的动作要领是什么？
3. 原地转向技术有几种分别是什么？

任务二　掌握缓坡基础技术

扫描二维码
观看视频

一、安全摔倒与站起

初学者在滑雪过程中，常常因失去平衡而摔倒，这主要是由于初学者没有掌握滑行和制动技术，再加上本身的平衡能力差，对滑雪板的控制力不够，就更容易摔倒，甚至受伤。还有一部分滑雪者在摔倒后停留在雪道上，没有及时移动到安全地带，从而与其他滑雪者发生碰撞，受到二次伤害。

由此可见，掌握安全摔倒和自我保护技术，学会在摔倒后及时站起并迅速移动到安全地带是非常重要的。

1. 安全摔倒

滑雪过程中，常因速度过快或失去平衡等原因导致无法控制滑行，这时候应采用主动摔倒的技术进行自我保护，我们称之为安全摔倒。

动作要领：当身体失控即将摔倒时，迅速降低重心，身体偏向一侧；扔掉滑雪杖，顺势向侧倾倒同时保护好头部，应避免身体向后倒下（图 3–17）。

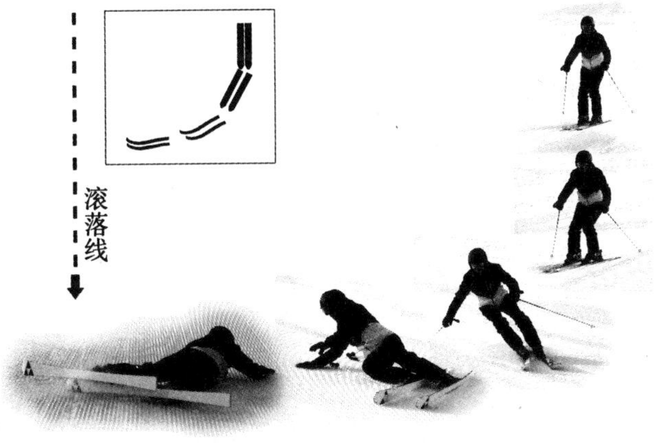

图 3–17　安全摔倒

教学指导：安全摔倒是在危险即将发生时采取主动的摔倒动作。动作的核心是降低重心、向侧摔倒，这样可以最大限度降低损伤概率。

2. 撑杖站起

摔倒后站起的方法有很多，最常用的是利用滑雪杖或打开固定器站起，体重较大的滑雪者站起时，最好采用八字站起动作。

动作要领：摔倒后首先将身体调整为头朝山上，滑雪板朝向山下，使滑雪板与滚落线垂直，用山上板的外刃和山下板的内刃刻住雪面，借助双杖在身体一侧撑住，用力撑动站起（图 3–18）。

图 3–18　撑杖站起

教学指导：站起前一定要先调整身体位置，使头朝山上，滑雪板朝向山下。撑杖时也可以借助双杖在身体两侧用力撑动站起。

3. 八字站起

动作要领：调整身体使头朝山上滑雪板朝向山下，趴在雪地呈俯卧状态；两滑雪板呈外八字板形，用滑雪板内刃刻住雪面，双手撑地交替向后推起身体，直到完全站起（图 3–19）。

图 3–19　八字站起

教学指导：这种方法主要适合体重较大的滑雪者，站起前一定要先调整身体位置，使头朝山上，滑雪板朝山下。

4. 脱下滑雪板站起

动作要领：用手向下压固定器的后端，直到固定器打开，分别脱下两只滑雪板后再慢慢站起来（图 3–20）。站起后，要尽快带着滑雪板移动到雪道旁的安全区域，然后再穿滑雪板。

图 3–20　脱下滑雪板站起

教学指导：在穿滑雪板站起比较困难时，可以先打开固定器脱下滑雪板，然后再站起来。打开固定器时应戴着手套，防止固定器把手夹伤。

二、登坡

双板滑雪登坡技术是滑雪者利用滑雪板上坡的技术，虽然双板滑雪运动大多是下坡滑行，但在某些时候面对一些特殊地形，不得不使用登坡技术。常用的登坡技术有以下三种。

1. 交替登坡

动作要领：右杖向后撑，右腿滑雪板向坡上滑动，同时左杖前摆；左杖向后撑，左腿滑雪板向坡上滑动，同时右杖前摆；交替运动完成登坡（图 3–21）。

图 3–21　交替登坡

教学指导：交替登坡技术常用于缓坡，其技术与交替滑步相似，两臂用力撑杖配合腿部动作进行登坡。整个登坡过程中上体稍前倾并积极跟进，登坡步伐不宜过大，防止滑雪板倒滑。

2. 八字登坡

图 3-22　八字登坡

动作要领：面向登坡方向，两滑雪板呈“V”字，双板内刃刻住雪面；右板承重，左板向斜前方跨出；左板落地并承重，抬起右板向斜前方跨出；双板交替运动向上进行登坡。双手可以分别持杖，交替撑动配合登坡；也可以将两只滑雪杖并在一起，双手持杖进行登坡（图 3-22）。

教学指导：八字登坡又叫 V 字登坡，两滑雪板呈倒“八”字或“V”字，交替蹬动进行登坡。该技术广泛使用于各种坡度的雪面，但对于初学者来说，因为还不能适应较长的滑雪板，所以不易掌握。

3. 横登坡

横登坡技术又叫阶梯登坡，适用于各种坡度，尤其适用于陡坡。横登坡技术对滑雪板的控制比较省力且易于掌握，通常在学习登坡技术时最先学习横登坡技术。

图 3-23　横登坡

动作要领：在坡面上侧身站立，双板与滚落线垂直，用山下板内刃刻住雪面单腿支撑，抬起山上板向登坡方向跨出；山上板落于雪面并用外刃刻住雪面；山上板承重，山下板抬起收拢并用内刃刻住雪面站立；重复之前的动作持续向上登坡（图 3-23）。

教学指导： 整个横登坡过程中始终用山上板的外刃和山下板的内刃刻住雪面，防止滑雪板向下脱滑。滑雪杖在身体两侧辅助支撑，滑雪杖与滑雪板同步运动，例如，山下板支撑，山上板跨出时，山下杖撑住，山上杖抬起。

三、直滑降

滑降是指利用重力沿坡面向下滑行。

平行滑降：滑降时，两只滑雪板保持平行。

犁式滑降：滑降时，两只滑雪板保持犁式板形。

图 3–24　滑降的轨迹

滑降的轨迹：以滚落线为参照，滑降有几种不同的轨迹。双板与滚落线平行直线下滑的轨迹称为“直滑降”；双板与滚落线有一定夹角的直线下滑轨迹称为“斜滑降”；双板与“滚落线”垂直，并沿“滚落线”方向下滑的轨迹称为“横滑降”（图 3–24）。

1. 平行直滑降

动作要领： 双板保持平行，沿滚落线方向直线滑行。初学者平行直滑降练习时可以采用较高的滑行姿势，保持两板之间的宽度与髋同宽（图 3–25）。

教学指导： 在滑降过程中注意根据坡度调整身体重心位置，保持居中且灵活的站姿，避免重心落后；随着滑行速度的不断增加，应适当降低重心，并保持两腿微屈以适应随时变化的速度和地形。

图 3–25　平行直滑降

（1）平行直滑降前后运动

动作要领： 在支撑面上方前后移动身体或在身下移动支撑面的位置，或者两者结合都可以达到前后的平衡（图 3–26）。

支撑面是指由支撑点组成的平面。滑雪中滑雪鞋与滑雪板的接触面为支撑面。

前后运动是指沿滑雪板方向发生，主要通过踝、膝、髋关节以及脊柱的运动和双臂的位置进行控制，前后运动主要是为了维持滑行姿势。在滑行中，前后平衡经常受到干扰，需要通过不断地调整身体前后运动来保持灵活、稳定、居中的身体姿态。

1　　2　　3

图 3–26　平行直滑降前后运动

教学指导：初学阶段移动身体较为容易。随着滑行能力的提高，滑雪者会逐渐掌握移动支撑面的能力。

（2）平行直滑降垂直运动

动作要领：垂直运动包含屈和伸两个内容，通过踝、膝、髋和脊柱的活动共同控制。垂直运动是指身体沿垂直于支撑面方向进行的屈伸运动。它可以改变人体对雪面的压力，形成滑行的节奏（图 3–27）。

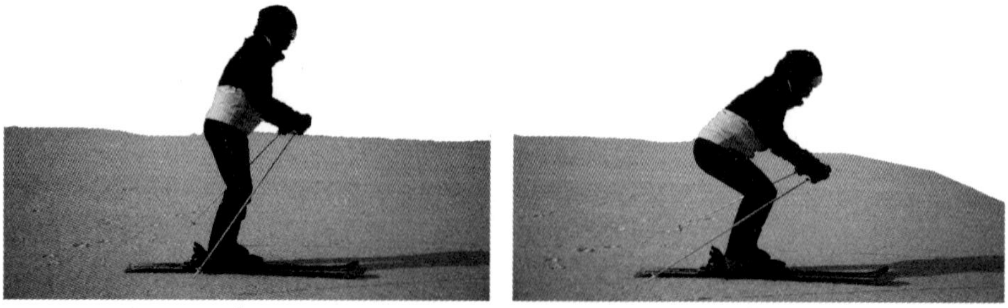

1　　2

图 3–27　平行直滑降垂直运动

教学指导：单独的垂直运动只是改变重心与支撑面的距离，但与前后运动、旋转运动、横向运动结合时，效果会很明显。滑雪者精准、适当的垂直运动可以使其他三种运动有效融合，达到滑雪板与雪面交互作用的最佳效果。

（3）滑雪板宽度和重心位置

初学者做平行直滑降练习时可以采用较高的滑行姿势，保持两板之间的宽度与髋同宽；随着平衡能力的提高，可以尝试逐渐收拢两板，保持较小的间距；滑降过程中注意根据雪道坡度调整身体重心位置，保持居中且灵活的站姿，避免重心落后；随着滑行速度的不断增加，应适当降低重心，并保持两腿微屈以适应随时变化的速度和地形（图 3–28）。

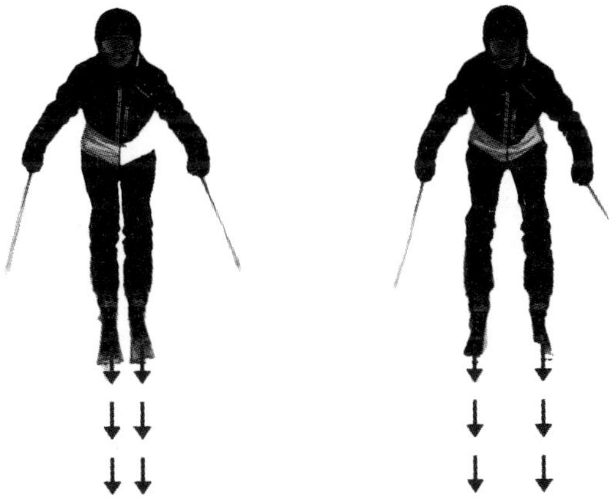

图 3–28 滑雪板宽度和重心位置

（4）滑降技术原理

力是物体对物体的作用，力不能脱离物体而单独存在。生活中有不同的力对我们产生作用，使我们的速度发生改变或位置发生变化。在滑雪运动中，力的作用也至关重要，了解力的作用及原理有助于我们分析滑雪动作，对进一步研究滑雪技术动作有一定帮助。

（5）重力

由于地球的吸引而受到的力，用 $G=mg$ 表示。G 代表人体的重力大小，m 代表质量，g 为重力加速度。由此可见，滑雪者体重越大受到的重力越大。重力作用于滑雪者的重心，方向指向地心。当滑雪者站在平地上时，其重力等于地面给人体的支撑力；当滑雪者在坡面滑行时，其重力被分解为与滑行方向相同平行于坡面的下滑力和垂直于滑雪板面的压力。

（6）压力

压力是作用在物体表面上的力，用 F 表示。单位面积内受到的压力则被定义为压强，用 $P=F/S$ 表示，P 代表压强，F 代表力，S 为接触面积。双板滑雪中，我们主要研究压力在两只滑雪板之间的变化情况和滑雪板纵向不同位置的压力变化。

（7）摩擦力

阻碍物体相互运动的力，其方向与物体运动方向相反，用 $F=\mu F_n$ 表示。F 代表摩擦力，μ 代表摩擦系数（与物体表面材质有关），F_n 代表正压力（垂直作用于接触面）。不同雪质导致 μ 的数值不同，致使滑雪者受到的阻力发生变化，进而造成滑雪者滑行速度的差异。滑雪板打蜡则是通过减小滑雪板面与雪面之间的摩擦系数，减小滑行摩擦力，从而提高滑行速度。

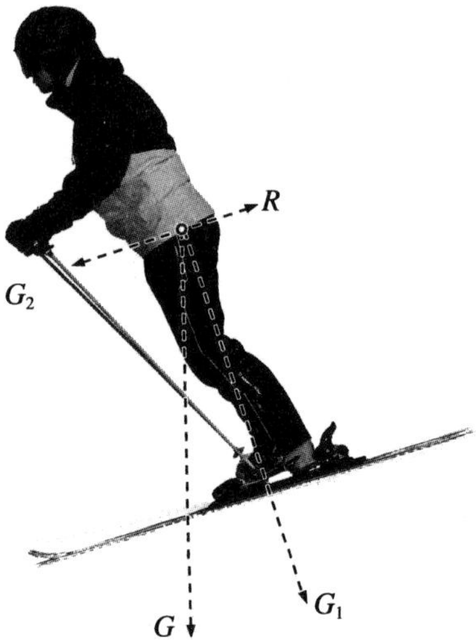

图 3–29　滑降技术原理

在坡面上，人体重力 G 分解为两个分量。垂直于板面的力 G_1 分量对雪面产生压力，与滑雪板给人体的反作用力等值；平行于雪面的力 G_2 分量提供向山下滑行的分力，当 G_2 大于滑行的摩擦力和空气阻力之和 R 时，滑雪者向山下做加速运动，否则就会产生匀速或减速（图 3–29）。

2. 犁式直滑降

犁式直滑降是减速的直滑降技术。

动作要领：在滑降过程中，上体放松，两臂自然前伸，目视前方，双膝微屈，立板立刃，重心在两板中间，双板呈前窄后宽的犁式板形并均匀承担体重（图 3–30）。

图 3–30　犁式直滑降

教学指导：两个板头保持一拳左右的距离，两个板尾距离的大小与控制速度有关，随着滑降速度的增加逐渐增大板尾的宽度，加大立刃的强度，用板刃刻住雪面向外推雪，以达到控制速度的目的（图 3–31）。

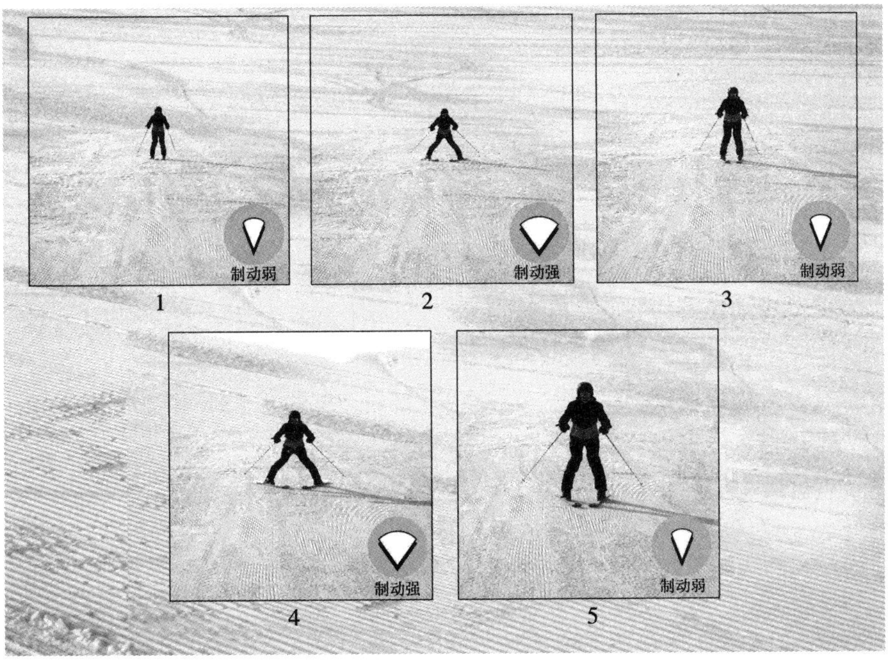

图 3–31 控制速度

（1）犁式制动

在犁式滑降过程中，利用八字板形的变化改变雪的阻力，可以达到减速的目的。通过犁式板形完成制动的技术叫犁式制动。

动作要领：使用犁式制动时，保持犁式滑降姿势，逐渐降低身体重心，推开板尾，加大两板内刃的立刃程度，增加两腿用力向外推雪的力度，直到完全停止（图 3–32）。

教学指导：在制动过程中，始终保持立起板刃，用加大立刃角度和滑雪板的迎雪角度达到减速制动目的。

（2）犁式滑行技术要点

两腿微屈内旋，控制两板板头和板尾的间距，始终保持犁式板形，板刃立起，

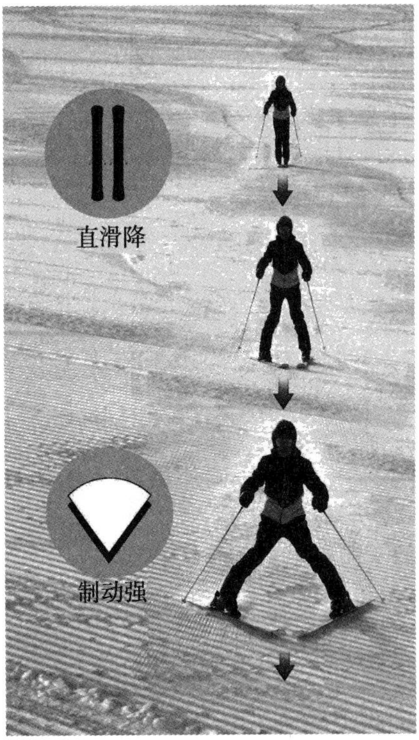

图 3–32 犁式制动

身体重心不要靠后（图 3–33）。

图 3–33　犁式滑行技术要点

四、斜滑降

斜滑降是从坡上到坡下斜线滑行的技术，广泛应用于各种转弯的开始和结束阶段。

动作要领：斜滑降练习时，身体朝向斜滑降的方向呈滑行基本姿势，目视前方，两臂自然前伸，双板平行用山上板外刃和山下板内刃刻住雪面，或双板呈犁式用双板内刃刻住雪面，沿斜方向滑行（图 3–34）。

图 3–34　斜滑降

教学指导：斜滑降的速度与板形和滑行路线有关，如果采用平行板形则滑降速度较快，而采用犁式板形则滑降速度较慢；滑行路线与滚落线之间的夹角影响滑降速度，夹角越小则滑降速度越快，夹角越大则滑降速度越慢。

思考与实训

1. 简述安全摔倒与站起。
2. 登坡技术有哪些？

模块四 双板滑雪技术进阶

学习目标

通过模块四的学习，使学生进一步掌握平行转弯技术和点杖技术，并能够在雪道上自如地控制滑行速度和滑行方向。

情景导入

“团队协作、勇攀高峰”中国“雏鹰”期待新高度

中国跳台滑雪队在2022年北京冬奥会上的参赛人数和参赛项目数均创历史纪录，这支过去鲜为人知的“飞行军”，如今迎来了新的起点。

2022年北京冬奥会中国跳台滑雪队参加了女子个人标准台、男子个人标准台和男子个人大跳台项目比赛，此外中国跳台滑雪队还参加了新增项目混合团体标准台。

忆往昔，中国跳台滑雪队在2006年都灵冬奥会首次参加跳台滑雪项目。当时只有男子组赛事，我国选手获得男子个人标准台第44名，无缘决赛。等再次有中国跳台滑雪选手征战冬奥已是2018年平昌冬奥会。中国跳台滑雪队在女子个人标准台比赛中闯入决赛获得第20名。

如今的中国跳台滑雪队，这些“雏鹰”不用再受训练条件所困，可以在河北涞源国家跳台滑雪训练科研基地使用最先进的训练设施，这里的两个跳台滑道按照北京冬奥会崇礼赛区“雪如意”1∶1比例打造而成，还建成了世界体量最大、训练功能最完备的跳台滑雪风洞实验室。

“我们男子项目在获取奥运资格的比赛过程中，中国队选手首次进入了世界杯级别的决赛圈，并获得了积分。”国家体育总局冬运中心跳台滑雪队领队说，“我们的女运动员在夏季的比赛当中不同人次获得了有FIS杯的冠军，还有洲际杯的前三名，取得了非常大的进步。”

任务一　掌握坡面滑行技术

扫描二维码
观看视频

一、横滑降

横滑降是沿滚落线方向横板向下滑降的技术。在较陡狭窄的坡面滑行时，为了安全，通常采用横滑降技术控制滑行速度。

动作要领： 横滑降时双板平行并与滚落线垂直，膝关节向山上侧横向移动，形成山上板的外刃和山下板的内刃刻住雪面，上体向山下方旋转，双手持杖自然前伸，向下滑动（图 4–1）。

教学指导： 下滑时，控制双板立刃和用力程度，调整向下滑行的速度；当需要停止时，加大立刃和用力程度，逐渐停止。

图 4–1　横滑降

二、犁式转弯

犁式转弯以滚落线为参照，有几种不同轨迹的弯形，其中最常见的是“J”形转弯和“C”形转弯。“J”形转弯是由直滑降开始，沿滚落线下滑，逐渐向滚落线一侧变向滑行，结束时完全转向滚落线的一侧，没有身体重心横穿支撑面的过程（图 4–2）；“C”形转弯是从斜滑降开始，逐渐进入转弯，开始时向滚落线的一侧滑行，结束时滑行轨迹穿越滚落线滑向另一侧，发生一次身体重心横穿支撑面的过程（图 4–3）。“J”形转弯比较容易掌握，在开始学习转弯阶段会优先学习“J”形转弯技术。

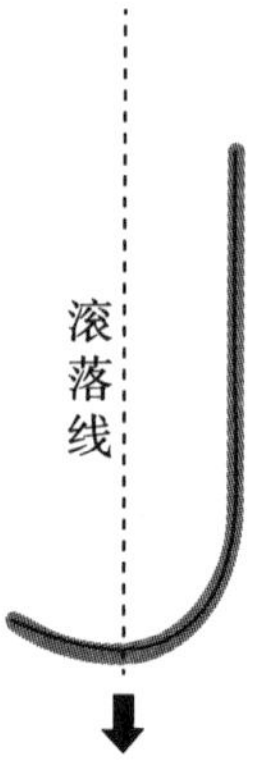

图4–2　“J”形转弯

图 4–3　“C”形转弯

1. “J”形犁式转弯

动作要领： 在坡顶开始做犁式直滑降，滑行中逐渐将重心移向一侧腿，并旋转滑雪板完成向另一侧的转弯（图 4–4）。

图 4–4　“J”形犁式转弯

教学指导：转弯时重心移向转弯的外侧腿，并向外侧板施加压力，完成向一侧的转弯滑行。

2.“C”形犁式转弯

动作要领：由犁式斜滑降开始，滑行穿越滚落线后，重心移向外侧板，并向滑雪板施加压力，旋转滑雪板完成转弯，另一滑雪板跟随转动，完成“C”形犁式转弯（图 4–5）。

图 4–5　“C”形犁式转弯

教学指导：保持犁式板形，转弯时重心移向转弯的外侧腿，并向外侧板施加压力，通过滑雪板的旋转，完成向一侧的转弯滑行。

3. 完整犁式转弯

犁式转弯是初学者必须掌握的滑行技术，滑雪者熟练掌握“C”形犁式转弯后，即可以尝试完整的犁式转弯滑行。

动作要领：犁式转弯时身体姿势要放松、稳定，始终保持犁式板形，膝关节微屈，上体稍向前倾，目视前方，两臂自然前伸，滑雪杖呈八字形自然分开（图 4–6）。

图 4–6　犁式转弯

教学指导：犁式转弯动作稳定易于掌握，适合初学者应对较复杂的地形。犁式转弯可以在身体各部位变化很小的情况下进行转弯，原因在于犁式板形在整个转弯过程中不需要进行板刃的转换，轻微向一侧移动重心，并伴随两只滑雪板的旋转动作，即可完成转弯动作。

4. 转弯的三个阶段

我们通常把滑雪的转弯过程划分为三个阶段，分别是开始阶段、控制阶段和结束阶段。用阶段描述转弯的过程和身体的运动便于滑雪者更好地理解和掌握转弯过程。

动作要领：开始阶段，犁式斜滑降并保持基本滑行姿势，向上移动身体重心，准备进入下一阶段。控制阶段，向转弯内侧横向移动重心，转弯外侧板承重，内侧板减压。控制转弯外侧板向转弯方向旋转，内侧腿放松控制内侧板跟随外侧板同步旋转，在板刃控制与腿部旋转的共同作用下转弯。控制阶段后期加强滑雪板的用刃强度，并适当控制身体平衡。结束阶段，保持犁式板形，调整身体姿态，为下一次转弯做准备，注意每次转弯的节奏（图 4–7）。

图 4–7　犁式转弯的三个阶段

教学指导：三个阶段是连续的，不要分开练习，注意在三个阶段的滑行中身体重心都有不同的变化。

（1）浅弧犁式转弯和深弧犁式转弯

根据犁式转弯滑行轨迹横向移动的幅度，可将犁式转弯分为浅弧犁式转弯和深弧犁式转弯（图 4–8）。浅弧滑行更注重方向的控制，而深弧滑行对速度和方向的控制要求更为精准。

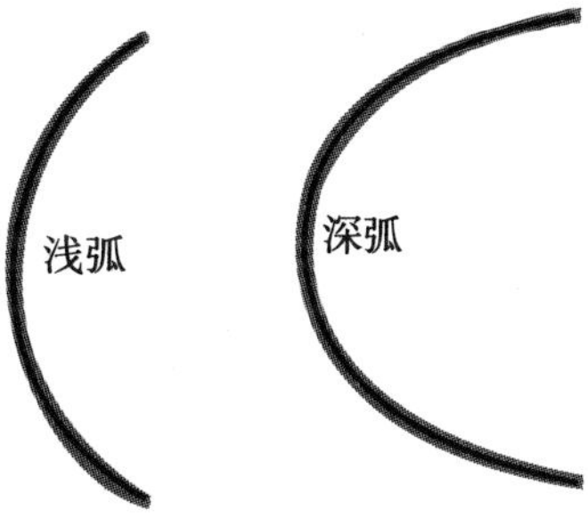

图 4–8　浅弧犁式转弯和深弧犁式转弯的轨迹

①浅弧犁式转弯

动作要领：两个滑雪板的板刃稍稍立起，板尾推开的角度不必过大，通过身体重心的转换完成转弯，控制平衡、注意节奏，主要体会犁式转弯控制阶段的动作。

教学指导：滑雪者学习犁式转弯的初期由于对滑雪板的控制能力较弱，所以可先让学生尝试立起板刃并让滑雪板做小幅度的旋转，形成转弯幅度不大的浅弧滑行轨迹，体验初级的犁式转弯技术。

②深弧犁式转弯

动作要领：加大两个滑雪板的立刃角度，板尾推开控制速度，转弯时身体重心积极移向外侧腿，注意垂直移动的时机和幅度，控制平衡和节奏，体会犁式转弯对速度和方向的控制。

教学指导：随着滑雪者控制滑雪板能力的提高，可适当提高滑行速度，加大滑雪板的立刃幅度，转弯时体会重心移向外侧腿的感觉，滑雪板做出明显的旋转。随着滑行熟练度的提升，提示滑雪者将四种身体运动形式融入犁式转弯技术。

（2）徒手犁式转弯练习

动作要领：徒手做犁式转弯时，两臂自然平伸，转弯前上体向转弯的外侧倾斜，通过伸开的手臂使身体重心快速移动到外侧板，对滑雪板施压完成旋转，同时另一侧滑雪板跟随旋转，完成转弯（图 4–9）。

图 4–9　徒手犁式转弯练习

教学指导：身体姿态要放松、稳定，始终保持犁式板形，膝关节微屈，上体稍向前倾，目视前方，两臂伸开保持水平。

（3）触膝犁式转弯练习

动作要领：徒手做犁式转弯滑行，在转弯的控制阶段和结束阶段，外侧手臂向内触及内侧腿的膝盖，带动上体内旋，使外侧滑雪板跟随旋转，从而加速完成转弯（图 4–10）。

图 4–10　触膝犁式转弯练习

教学指导：注意触膝的时机不能太早，要在控制阶段开始一直持续到结束阶段，整个转弯过程要保持身体姿态放松、稳定，控制好犁式板形和板刃的角度。

三、半犁式转弯

半犁式转弯是滑雪中常用的转弯方式之一，它与犁式转弯不同的是，犁式转弯在结束阶段仍然保持犁式板形，而半犁式转弯在转弯结束阶段要收回板尾呈平行板形。半犁式转弯也是从犁式转弯向平行转弯过渡的一种练习。

动作要领：开始阶段，保持基本滑行姿势，推开板尾进入犁式斜滑降，向上移动身体重心，准备进入下一阶段。控制阶段，向转弯的外侧板施加压力，内侧板减压。外侧腿控制滑雪板进行旋转，内侧腿放松控制内侧板跟随外侧板向转弯方向旋转，在板刃控制与腿部旋转的共同作用下转弯。控制阶段后期加强滑雪板的用刃强度，并适当控制身体平衡。结束阶段，外侧板由于惯性作用承重更多，内侧板压力较小，通过加快内侧板的旋转速度，积极向外侧板靠拢，直到两板平行。调整身体姿态，逐渐打开板尾呈犁式，准备进入下一个转弯（图 4–11）。

图 4–11　半犁式转弯

教学指导：滑雪者初学半犁式转弯时，滑雪板从犁式转弯向平行转弯的转换动作会在接近转弯结束阶段完成；待滑雪者技术更娴熟、速度更快、选择滑行的雪道坡度更大的时候，可以提高滑行速度，转弯时让外侧板承担更大的体重，尝试在控制阶段初期收板尾，迅速完成板形从犁式向平行的转换。

思考与实训

1. 横滑降的动作要领是什么？
2. 犁式转弯的动作要领是什么？
3. 半犁式转弯的动作要领是什么？

任务二　提高动态滑行技术

扫描二维码
观看视频

滑雪过程中身体通常有四种运动：前后运动、垂直运动、横向运动和旋转运动，运用这些身体运动可以更好地理解和解释滑雪动作的表现，便于我们更进一步学习和掌握滑雪技术（前后运动、垂直运动在模块三中的直滑降中已讲解）。

技术术语

1. 旋转运动

当身体或身体部位围绕轴进行圆周运动时产生的运动称为旋转运动（图 4–12）。身体的不同部位可以同方向旋转或反方向旋转。

图 4–12　旋转运动

2. 横向运动

重心横穿支撑面从一侧向另一侧的运动称为横向运动，它有两种表现形式：身体或身体部位相对于支撑面的横向运动和支撑面相对于身体的横向运动。横向运动的目的是立刃或创造身体平衡。

滑雪者在转弯过程中通过横向运动表现出身体内倾，内倾是滑雪者向转弯内侧倾斜身体的总称。身体特定部位的横向运动表现出反弓姿态，反弓姿态包括髋部反弓姿态和膝部反弓姿态（图 4–13）。

图 4–13　横向运动

从滑雪者初学滑雪运动开始，就要培养滑雪者对四种运动的协调运用能力，从而逐渐提升滑雪者的滑行水平。一旦滑雪者掌握了转弯技术，四种运动的运用就会变得较为明显。滑雪者准确协调地运用四种身体运动可以应对雪况的各种变化，可以不断提高滑雪技术水平。

一、基础平行转弯

基础平行转弯通过滑雪板侧滑实现，主要是利用滑雪者身体重心的横向移动和滑雪板旋转完成转弯，滑雪者身体重心的移动轨迹与滑雪板滑行的轨迹偏离较小（图 4–14）。

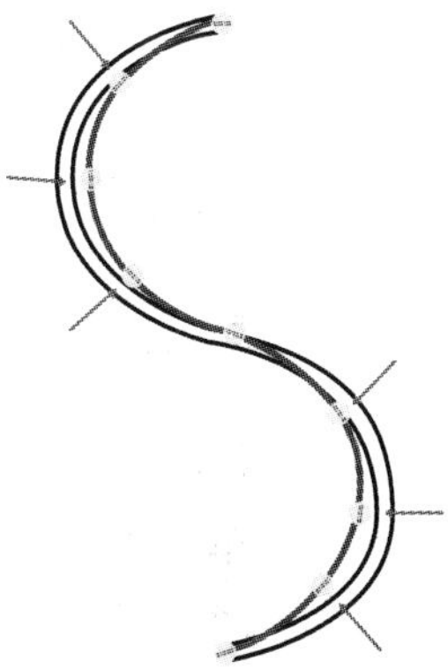

图 4–14　基础平行转弯重心移动轨迹

动作要领：开始阶段，保持基本滑行姿势，从平行斜滑降开始，向上移动身体重心，完成板刃转换，准备进入下一阶段。控制阶段，保持双板平行状态，向转弯内侧横向移动重心，逐渐屈曲内侧腿，增加外侧板承重，形成合理的反弓姿态。下肢控制滑雪板向转弯方向旋转，形成转弯。控制阶段后期加强滑雪板的用刃强度，并控制身体平衡。结束阶段，恢复平行斜滑降，调整身体姿态，准备进入下一个转弯（图 4–15）。

图 4–15　基础平行转弯

教学指导：平行转弯具有比较省力、快速、动作优美等特点，是大众滑雪者向往的滑雪技术。平行转弯不同于犁式转弯和半犁式转弯，平行转弯的滑雪板没有分开和收回的动作，双板在转弯过程中始终保持平行状态。与半犁式转弯保留重心、通过移动支撑面使滑雪板立刃不同，平行转弯需要主动移动身体重心横穿支撑面使滑雪板立刃。

1. 平行制动

平行制动技术是滑雪者利用双板平行向外侧推出，增加滑雪板迎雪面角度来增加滑行阻力，从而达到制动的目的。

图 4–16　平行制动

动作要领：滑雪者通过腿部的旋转控制双板的尾部向山下侧推开，逐渐加大双板与滚落线的角度，使之趋近于直角；然后双腿屈曲，身体重心向山上侧倾斜，完成减速制动（图 4–16）。

教学指导：根据滑行速度调整山上板外刃和山下板内刃的立刃角度和用刃强度，保持身体的横向平衡，动作要快速有力，迅速完成制动。

2. 点杖

点杖是转弯技术的重要组成部分，转弯时正确的点杖可以帮助滑雪者更好地控制转弯时机、平衡和节奏，可以使整个转弯动作更加流畅。

动作要领：利用前臂和手腕向前摆动滑雪杖，进行点杖前的准备动作；滑行至转弯的顶点处开始摆杖，摆杖的时机因转弯节奏不同略有差异；摆杖朝向下一个转弯的顶点；在滑雪板转换为平刃的瞬间点杖，点杖结束后，合理控制滑雪杖，防止滑雪杖弹起（图 4–17）。

图 4–17　点杖

教学指导：根据点杖发挥作用的不同，可以分为“实点”和“虚点”。“实点”时滑雪杖与雪面接触更实、更有力量，可以稳定上身；“虚点”时滑雪杖可以辅助滑雪者寻找转弯的时机和节奏。

（1）点杖的时机

在滑雪板即将转换为平刃的瞬间点杖，各种弯形点杖时机相同（图 4–18）

图 4–18 点杖的时机

（2）点杖的位置

杖尖落在山下板（即将开始的转弯内侧板）外侧，不同弧线转弯的点杖位置也不同，在做快速的小弯滑行时，点杖位置应尽量接近滑雪鞋的中部，既 C 点处（图 4–19）。

图 4–19 点杖的位置

（3）点杖对身体运动的影响

滑雪点杖动作并非孤立存在，需要在转弯过程中配合身体的四种运动协调运用。

①滑雪杖点杖的使用与身体前后运动

转弯过程中，顺利地从一个转弯向下一个转弯过渡时，滑雪杖摆动和点杖位置起到关键的作用。滑雪者在转弯结束段通过向前摆杖，向前移动重心，为下一个转弯提供良好的重心位置，便于开始下一个转弯。

②滑雪杖点杖的使用与身体垂直运动

摆杖、点杖的时机要与身体垂直运动相匹配。点杖动作与身体的屈、伸动作协调准确的配合，使转弯更有节奏感。

③滑雪杖点杖的使用与身体横向运动

在转弯开始阶段，点杖可以积极迅速地向转弯内侧横向移动重心，调节双板压力的分配，形成适当的立刃角度。在转弯的结束阶段，由于惯性作用较大，立刃角度造成的减速会导致滑雪者上体向山下倾斜，通过点杖可以保持上体的横向平衡。

④滑雪杖点杖的使用与身体旋转运动

滑雪时，外界因素可能导致滑雪者上体产生不必要的扭转，身体容易失去平衡，借助点杖可以扭转腿部，从而稳定上体；应对特殊复杂地形，当需要快速改变方向或停止时，上体必须做出扭转动作，这时滑雪杖点杖的作用更为明显。

二、中弯点杖平行转弯

中弯点杖平行转弯技术需要借助滑雪杖进行转弯，对滑雪者转弯的总体控制能力要求更高，需要注意身体各部位动作的协调配合和转弯节奏感。

动作要领：开始阶段，保持基本滑行姿势，从平行斜滑降开始，在滑雪板转换为平刃的瞬间向山下板（即将开始的转弯内侧板）外侧点杖，点杖的同时向上移动身体重心，完成板刃转换，准备进入下一阶段。控制阶段，继续向转弯内侧横向移动身体重心，屈曲内侧腿，增加外侧板承重，形成合理的反弓姿态，下肢控制滑雪板向转弯方向旋转，完成转弯；控制阶段后期加强滑雪板的用刃强度，并适当控制身体平衡。结束阶段，恢复平行斜滑降，运用腕部和前臂向前摆动滑雪杖，调整身体姿态，准备进行下一次点杖转弯（图 4–20）。

图 4–20　中弯点杖平行转弯

教学指导： 滑行中注意控制节奏和点杖的时机，点杖的同时身体重心要迅速向上移动，这样有利于加快转弯的速度，为下一次转弯做好充足的准备。

三、小弯点杖平行转弯

小弯点杖平行转弯技术主要通过滑雪板侧滑旋转得以实现。在中弯点杖技术的基础之上缩短转弯半径，即可体验到小弯滑行的感觉，掌握小弯滑行可以应对更多雪道地形和多变的雪况。小弯点杖滑行具有转弯半径小、转弯节奏快等特点。

动作要领： 开始阶段，保持基本滑行姿势，从平行斜滑降开始，山下侧（即将开始的转弯内侧）滑雪杖点杖，点杖瞬间向上移动身体重心，完成板刃转换，向双板施压立刃并旋转滑雪板。控制阶段，通过双膝快速旋转的动作带动滑雪板形成转弯，整个控制阶段注意保持上体的稳定性，保持上体朝向与滚落线平行，出现明显的上下体旋转分离；控制阶段末期立刃角度达到最大，逐渐屈曲身体，吸收滑雪板推雪造成的反作用力并辅助控制平衡。结束阶段，手腕带动山下侧（转弯外侧）滑雪杖到合理位置，调整身体姿态，准备进行下一次转弯（图 4–21）。

图 4–21 小弯点杖平行转弯

教学指导： 随着滑行技术的提高，滑雪者可以表现出不同特点的小弯滑行，如动态小弯，动态小弯在转弯全程充分运用了滑雪板的性能，转弯节奏更紧凑，滑行速度更快，重心也因此向弯内偏离得更远，立刃角度更大，滑雪板承受的压力更大。

四、平行转弯大弯滑行

平行转弯大弯滑行更具动态效果，各阶段的立刃角度较大，滑行速度更快，滑雪者需要具备很高的雪道驾驭能力。

动作要领： 开始阶段，从平行斜滑降开始，向上移动身体重心，同时向山下侧（即将开始的转弯内侧）横向移动身体重心，屈曲内侧腿，增加外侧板承重，较早地形成立刃角度并保持身体平衡，下肢控制滑雪板向转弯方向旋转，准备进入下一阶段。控制阶段，控制阶段初期加大滑雪板立刃角度，通过屈曲内侧腿继续向转弯内侧横向移动重心，身体形成稳定的反弓姿态，下肢控制滑雪板匀速旋转；控制阶段后期加强滑雪板的用刃强度，并保持身体平衡。结束阶段，恢复平行斜滑降，准备进行下一个转弯（图 4–22）。

图 4–22　平行转弯大弯滑行

教学指导：大弯滑行时身体重心的移动轨迹与滑雪板滑行的轨迹偏离较大（图 4–23）。转弯过程中两只滑雪板匀速旋转，滑雪板立刃角度很大，转弯更具力量，滑雪板性能得以充分运用，滑雪者可以通过娴熟的转弯技术应对不同难度级别的雪道。

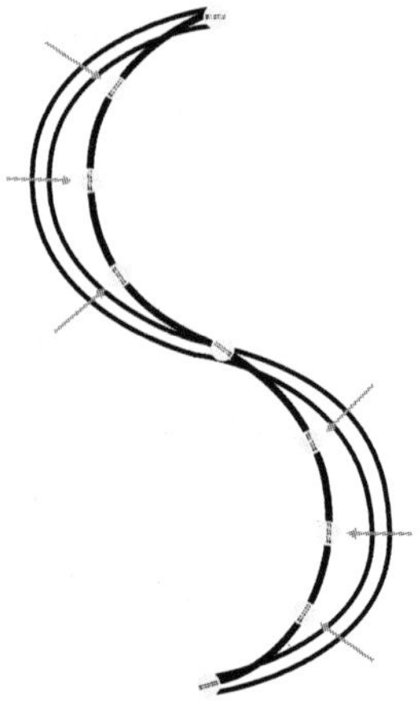

图 4–23　大弯滑行重心移动轨迹

单脚内刃转弯练习

单脚内刃转弯是平行转弯技术的重要练习手段。它可以快速提高滑雪者对滑雪板的控制能力和动态平衡能力，还可以解决很多常见的滑行技术问题，如“K 腿”“A 腿”等。

动作要领：整个转弯过程依靠转弯外侧板内刃滑行，通过髋关节、膝关节内倾形成合理的反弓姿态并保持身体平衡，上体跟随滑雪板向转弯方向旋转，在下一个转弯开始阶段初期向上移动身体重心并换另一条腿滑行（图 4–24）。

图 4-24　单脚内刃转弯练习

教学指导：单脚内刃转弯练习的核心是抬起山上板，用山下板做基础平行转弯，整个过程要保持基本滑行姿势，支撑腿滑雪板的旋转要用力均匀、柔和，不能急于求成。

思考与实训

1. 基础平行转弯的动作要领是什么？
2. 中弯点杖平行转弯的动作要领是什么？
3. 小弯点杖平行转弯的动作要领是什么？

模块五 双板滑雪教学

学习目标

模块五全面介绍了大众双板滑雪教学资质和教学流程与方法，使学生在掌握滑雪运动基础技术后能进一步提高控制能力和滑行技术，全面提升滑雪技术教学指导能力。

情景导入

“教育普及、科学引导”冰雪运动实现跨越式发展

滑雪运动是大众冬季体育活动的重要组成部分，伴随室内滑雪业态的开发与“北冰南展、东进西扩”的战略布局，大众滑雪运动已不再受传统的季节与气候限制，成为《健康中国行动（2019—2030 年）》的重要实施路径。2022 年北京冬奥会筹办期间，我国全面建设健全了《双板滑雪大众技术等级标准》，修订了《滑雪指导员国家职业技能鉴定考核实施细则》，帮助国人树立安全正确的滑雪教学训练理念，引导大众科学参与冬季户外体育活动，助力群众冰雪运动的普及发展（图 5–1）。

图 5–1　全国大众冰雪季大众滑雪等级标准试运行

习近平总书记在2022年北京冬奥会、冬残奥会总结表彰大会上指出："三亿人参与冰雪运动" 成为现实，人民群众获得感显著增强。北京冬奥会、冬残奥会的筹办举办推动了我国冰雪运动跨越式发展，冰雪运动跨过山海关，走进全国各地，开启了中国乃至全球冰雪运动新时代。筹办以来，我们建设了一大批优质的冰雪场地设施，举办了一系列丰富多彩的群众性冰雪赛事活动，人民群众参与热情持续高涨，参与人数达到3.46亿，冰天雪地成为群众致富、乡村振兴的"金山银山"。冬奥的筹办、举办全面促进了社会事业发展，残疾人人权得到更好保障，广大群众生活更加丰富多彩！

当前，将坚持冬奥成果人民共享，通过推广普及冰雪运动带动全民健身走向纵深。这肯定了北京冬奥会的举办对我国冰雪运动的普及效果，体现了党和政府各级部门以提高人民健康水平为中心，实现人民的健康与经济社会协调发展，夯实全面建成小康社会基础的坚定决心，也表明了我国将继续推动大众冰雪运动的持续发展。

任务一 滑雪指导员职业资格

随着 2022 年北京冬奥会热潮的持续升温和大众滑雪运动的快速发展，滑雪指导员对滑雪运动的指导作用日益凸现。培养具有较高素质的滑雪指导技能人才对满足人们日益增长的从事冰雪运动的需求，保障大众科学、安全地从事滑雪运动具有十分重要的现实意义。按照《全民健身条例》等法律法规要求，在滑雪经营场所从事滑雪运动指导的人员必须取得国家职业资格证书后方可从事相关工作。

一、滑雪组织机构

国际滑雪指导员联盟、国际滑雪联合会、中国滑雪协会是从事滑雪运动工作相关人员接触最多的三大滑雪组织机构，三个机构各司其职，在不同的方向和领域促进滑雪运动的发展及推广（表 5–1）。

表 5–1　三大滑雪组织机构

中文名称	英文名称	成立时间（年）	宗旨
国际滑雪指导员联盟	International Ski Instructor Association 英文缩写 ISIA	1971	倡导成员国之间在滑雪技术与方法论、教学法、滑雪安全方面合作交流，追求滑雪指导员职业实践的最高境界
国际滑雪联合会	International Ski Federation 英文缩写 FIS	1924	促进滑雪运动的发展并把握其方向；在协会会员间及各国运动员之间建立和保持友好关系；在其能力所及的范围内支持协会会员实现其目标
中国滑雪协会	Chinese Ski Association 英文缩写 CSA	1984	调动一切积极因素，为普及、发展和提高中国雪上运动，实施“奥运争光计划”“全民健身计划”，为建设体育强国，促进社会主义物质文明和精神文明建设服务。为增进与国际雪联、亚洲雪联等国际组织的联系与合作，扩大国际体育交流，增进各国人民之间的友谊服务

1. 国际滑雪指导员联盟

国际滑雪科学健身与指导体系建设的全球性组织是 1971 年在瑞士成立的国际滑雪指导员联盟（International Ski Instructors association，ISIA），该组织发展到今天已有 37 个成员国，代表着世界范围内滑雪教学的最高水平。该机构推动全球滑雪科学健身与指导工作，协同组织国际体育与教育领域的专家，不断与器材厂商合作引领国际滑雪运动科技进步，其中每一个成员国均有本国滑雪教学指导的官方网站，发布科学健身指导体系配套图片与视频，符合 ISIA 质量标准与技术示范要求。

ISIA 包含基本的单板滑雪技术等级规范，各级别基本技术要求手册文字、图片与视频，以及滑雪大众行为准则、头盔护具安全协议、滑雪健康理念知识、可参加的滑雪技能展示竞赛乃至性别平等政策等，其中最为知名的双板滑雪教学指导体系有新西兰的 NZSIA、加拿大的 CSIA 和美国的 AASI 等，甚至囊括了专门指导残障人士的适应性滑雪教学数字资源（表 5-2），出版了儿童雪上运动教学数字手册，不断扩大数字资源的范围。

表 5-2 国际典型滑雪教学指导体系一览

分类	发布时间（年）	缩写	管理机构	下设分类	资源网站
ISIA 成员	1938	CSIA	加拿大滑雪教练联盟	双板、单板、适应	www.snowpro.com/en
	1958	AASI	美国专业滑雪教练联盟	双板、单板、越野、适应、泰里马克	www.TheSnowPros.org
	1962	BASI	英国雪上运动教练协会	双板、单板、越野、适应、泰里马克	www.basi.org.uk
	1968	SIA	日本滑雪教练协会	双板、单板、越野、山区、适应	www.sia-japan.or.jp
	1971	NZSIA	新西兰雪上教练联盟	双板、单板、适应、泰里马克	www.snowsports.ch
	1976	APSI	澳大利亚雪上教练协会	双板、单板、越野、适应、泰里马克	www.apsi.net.au
	2004	SSA	瑞士冰雪运动协会	双板、单板、越野、泰里马克	www.snowsports.ch
	1979	KSIA	韩国滑雪领袖联盟	双板、单板、越野、自由式	www.ksia.co.kr
非 ISIA 成员	1972	OSSV	奥地利雪上运动联盟	双板、单板、越野	www.ossv.ch
	1943	ENSA	法国滑雪登山指导协会	高山滑雪、山地运动、自由飞行	www.ensa.sports.gouv.fr

国际滑雪指导员联盟有自己的注册商标，只有各个成员国的指导员协会及下属滑雪学校和滑雪指导员有权使用该商标。目前，国际上已有很多国家接受了国际滑雪指导员联盟的申请标准，申请者可以在其国内通过专业训练、考试，在符合国际滑雪指导员联盟商标证书及会员卡的要求后，会被授予国际滑雪指导员联盟商标的

使用权、会员卡、会员勋章，以此证明其已成为国际滑雪指导员联盟的会员。

2. 国际滑雪联合会

国际滑雪联合会是国际体育联合会总会的成员，在国际滑雪委员会（成立于1910年）的基础上改组成立,现有协会会员101个。国际滑雪联合会总部设在瑞士。中国滑雪协会于1981年加入国际滑雪联合会。国际滑雪联合会的正式刊物是《国际滑雪联合会公报》，每年4期。

国际滑雪联合会主要职能是组织世界滑雪锦标赛、世界杯和大洲杯赛，以及联合会批准的其他比赛；制定并监督规则的执行；作为终审机关处理与联合会比赛及规则有关的抗议与法律问题；促进以增进健康为目的的娱乐滑雪；采取国际滑雪联合会会标各种措施；避免事故发生；保护环境。

国际滑雪联合会有决策权的是代表大会、理事会和联合会法庭，起咨询作用的是专门委员会、分委员会和工作组（表5–3）。

表5–3　国际滑雪联合会下设机构

机构	职责
代表大会	代表大会是最高权力机构，每两年召开一次，有权修改章程和比赛规则，审查理事会和审计员的报告，批准财政计划，选举理事会成员，决定协会会员提案，实施惩罚措施，增减比赛项目，确定世界锦标赛的时间、地点等
理事会	代表大会闭会期间，由主席、4名副主席、12名理事、秘书长（无表决权）组成的理事会是最高权力机构，每两年选举一次（秘书长除外）
联合会法庭	法庭对违反兴奋剂规定、损坏联合会声誉、无体育道德等行为及理事会所指定的其他案例进行处理
专门委员会和分委员会	专门委员会和分委员会由理事会根据需要任命，负责提供咨询和处理技术性问题

3. 中国滑雪协会

中国滑雪协会是在中华人民共和国民政部登记注册的具有独立法人资格的全国性群众体育社会团体，是中华全国体育总会的团体会员，又是中国奥林匹克委员会承认的全国性体育运动协会。它是代表中国参加国际滑雪联合会和其他国际雪上组织举办的相应的国际、洲际间雪上各类活动的唯一合法组织。该协会是自愿结成的非营利性社会组织。

中国滑雪协会受国家体育总局的领导，并接受民政部的业务指导和监督管理，吸纳从事与滑雪相关活动的团体和挚爱滑雪运动的个人为协会会员。

中国滑雪协会主要职能：制定滑雪运动发展规划、管理法规、训练竞赛制度和全国竞赛计划、规划、裁判法；组织运动员、教练员、裁判员和我国专业技术人员培训；开展国际交往和技术交流；选拔和推荐国家集训队运动员、教练员，组织集训和参加国际比赛；组织科学研究工作等。

二、滑雪指导员的岗位职责与要求

滑雪运动是一项增强体魄的运动，具有很强的刺激性和挑战性。如今，人民生活水平日益提高，休闲娱乐与运动相结合的需求也逐渐增强，冬季参与滑雪运动越发受到大众的追捧。2022 年北京冬奥会举办之际，滑雪的热潮从中国北方迅速扩散到全国各地。大众参与滑雪运动的需求增加，使得滑雪指导从业者的需求也随之增加。同时，滑雪相关产业的迅速发展也对培养滑雪指导员提出了期望和要求。目前，我国滑雪指导员的现状是，虽然滑雪人群猛增，但专业指导员奇缺。为了大众滑雪运动的健康、有序发展，有必要加强滑雪指导员职业资格的培训和鉴定工作，不断输送开展大众滑雪运动所需的专业人才。近年来，国家各部门在陆续出台各项相关政策，促进滑雪指导员培训、鉴定的规范化进程。

滑雪指导员的培训与考核具有明确的政策要求，而滑雪指导员的管理工作也具有相应的法律依据。滑雪指导员的培训和职业资格鉴定机制的建立为我国滑雪事业的健康、有序发展提供了人力资源保障。

1. 滑雪指导员的职业定义

滑雪指导员作为一种职业有其自身的特点，与竞技滑雪教练员不同，他面对的是不同年龄、不同滑雪水平的大众滑雪者，除了要具备规范的基本滑雪技能外，还要具备一定的道德素质、文化素质、教学能力和服务意识。

我国 2015 年颁布的《中华人民共和国职业分类大典》规定，滑雪指导员被归类于社会体育指导员，并明确定义为：在群众性体育活动中从事滑雪运动技能传授、锻炼指导和组织管理工作的人员。

2. 滑雪指导员的职责与素质

在我国全面实施《全民健身计划纲要》的背景下，滑雪指导员已经成为我国社会体育指导员群体中的一个重要组成部分，其义务是发展滑雪运动，是我国滑雪市场不可缺少的重要组成群体，对推动群众体育发展有着积极意义。

滑雪指导员有其专门职责及素质要求（表 5-4），培养大量合格的滑雪指导员以满足滑雪场和滑雪者的实际需求，促进我国滑雪指导员队伍的健康成长，引导大众科学健康滑雪，提高大众滑雪乐趣，有利于滑雪市场的持续发展。

表 5–4 滑雪指导员的职责和素质

职责	应具备的素质
1. 指导参加滑雪运动的群众学习、掌握滑雪技能	1. 良好的职业道德
2. 制订滑雪训练计划，指导群众进行滑雪训练	2. 工作态度认真，服务意识强
3. 预防和处理滑雪训练过程中的运动损伤	3. 预防损伤和救治的技能
4. 制订滑雪过程中紧急突发事件的安全预案	4. 讲解、示范、组织教学能力
5. 对群众性的滑雪训练、比赛、健身休闲等活动进行组织管理	5. 规范、熟练的滑雪技术

滑雪指导员是一项专业的工作，优秀的滑雪指导员需要热爱滑雪运动、熟悉滑雪场环境，同时也要有出色的沟通能力。滑雪指导员影响着个体或群体的行为、活动和信念。滑雪作为一项运动技能，在学习过程中会产生安全问题，也可能会给学生带来情绪波动。为保障教学效果，滑雪指导员要在团队中扮演不同的角色。

（1）领导者

滑雪指导员应该是值得学生信赖、思维清晰的领导者。滑雪指导员应选择安全的环境进行教学，需要考虑的因素包括地形、天气、雪况、学生状况，以及教学区域课外人员的活动情况。滑雪指导员应在既定时间内合理安排课程内容并与学生及时沟通。课程中的高效领导还包括：清晰有条理地呈现课堂内容、练习时发出指导指令、在滑行区域有效引导学生、规划明确的会合或休息点，以及为了改善学生滑行表现而与之沟通、提出新的学习策略。

（2）跟随者

优秀的滑雪指导员应懂得适时转换领导角色，更多地考虑他人的需求和意愿。

（3）老师

老师是滑雪指导员第一位也是最重要的角色，除了掌握滑雪技术技巧外，还应掌握适当的教学方法。教学的核心是沟通，滑雪指导员应该掌握多种沟通技巧并给予学生及时、有针对性的教学反馈。

（4）榜样目标

滑雪指导员应该遵守一个高标准的雪上礼仪，遵循雪上活动的行为规范，成为学生的榜样，应该加强与学生的沟通，共同设定合理的教学目标和规则，并据此安排教学内容。教学内容的安排应该清晰，并且经过充分交流确定。

（5）顾问和朋友

滑雪指导员应是亲切的，要聆听和响应每位学生的需求。在信任、坦诚、支持和鼓励的基础上，建立和谐友善的教学关系。

思考与实训

1. 国际滑雪指导员联盟的宗旨是什么？
2. 国际滑雪联合会下设哪些机构？
3. 滑雪指导员的职责与素质要求有哪些？

任务二　教学流程与方法

一、教学流程

规范的教学流程是对学习内容进行合理规划，使学员按照安全、科学的教学内容由易到难掌握滑雪技术。无论是短周期的滑雪训练营，还是一节独立的滑雪训练课，都应遵循基本的教学流程，其中包括以下几个内容。

1. 队列组织

队列组织能够使学员快速进入上课状态，无论是一对一教学还是一对多教学或者团体课的教学，滑雪指导员都应合理组织队列。如果是平地教学，尽量安排在平坦开阔且人员密度较小的地方；如果在雪道上教学，应紧靠雪道一侧组织教学。一组学员沿着雪道依次练习，做完练习的学员要在雪道一侧明显的位置站立等候，后续练习的学员在动作完成后，要从站立在雪道最上端的学员身后绕行，滑至队伍最下端，依次站立。这样不仅可以使教学更加规范、有序，同时也可以最大限度地保护学员的安全。

2. 相互介绍

在教学的开始阶段，滑雪指导员和学员进行相互介绍以增加彼此之间的了解和信任。滑雪指导员可以介绍自己的姓名、滑雪经历、从业年限，以及滑雪场地、器材和服务设施。通过学员的自我介绍，滑雪指导员可以得知学员的滑雪经验、滑雪年限、滑雪技术水平及滑雪需求，为后续的教学提供参考。

3. 检查评估

在教学开始之前，滑雪指导员必须对学员进行评估，了解学员目前的滑行水平和学员的需求，并根据学员的反馈与学员共同设定课程目标。对学员的健康状况、滑雪器材和滑雪装备进行必要的检查，并对学员目前的技术水平进行分析和评估。

（1）了解基本情况

通过观察和询问，了解学员的健康状况，例如有无疾病、外伤和饮酒等情况，掌握学员目前滑雪水平和掌握的技术。对学员的现状做出综合评估，决定是否可以进行教学、教学目标如何设定、选择哪种难度的雪道等。

雪道的选择影响整节课的学习效果，因此选择合适的雪道非常重要。指导员为学员选择雪道应遵循以下几个原则：教学雪道坡度需要适合学员目前的滑雪水平，应选择无太多地形变化、宽度大、距离适中的雪道，这样才有利于学员进行良好的学习。

（2）检查器材和装备

① 请确保使用的滑雪板与滑雪者的滑雪技术、体重、身高相匹配。初学者最好选用弹性好、长度短、转弯半径小、轻便的滑雪板。

② 滑雪板上的固定器可以根据滑雪者的体重与滑雪技术进行调节，选用调节功能操作方便的固定器，务必确保固定器的正确调节，查看其脱离强度是否调到最恰当的位置。

③ 滑雪鞋需要贴合脚部，务必选择合适尺码、合适的滑雪鞋，使脚踝能够保持自由屈曲的灵活性。

④ 滑雪手套必须贴合手部，这样可使手部保持适宜的温度。专用滑雪手套五指分开，掌心部有耐磨层，能够满足防水、保暖、不沾雪和不妨碍手部动作的要求。

⑤ 应佩戴保暖舒适的滑雪帽，使头部热量不会过度流失，以预防感冒和冻伤，在学习有一定难度的动作时，应佩戴头盔，以降低头部受伤风险。

⑥ 为了保护眼睛并且保证滑雪安全，尤其在下雪、刮风和阳光特别强的环境下，应佩戴滑雪镜。此外，长发和头巾要处理好，首饰、手机等物品应妥善安放。

4. 课程设计

指导员汇总前面了解的情况，根据学员的年龄、性别、经历、滑雪年限、运动能力和要求等，并参考当日的天气、雪况等因素，有针对性地设定课程目标、课程内容、练习方法。基于学生的评估情况和确立的教学目标，选择教学的切入点。

5. 讲解技术

指导员用简单、明晰的专业术语为学员讲解滑雪技术的动作原理和动作要领，同时可结合技术示范、视频播放进行直观教学，在讲解中应注意用词的准确性和专业性。技术的讲解练习应遵循由静至动、由简到繁的基本原则：

① 静态教学：将完整的技术动作按照阶段进行分解，并以其中一个阶段进行讲解，讲解其技术原理、原理要求及概念。

② 动态教学：将分解动作整合形成动态动作。可先将 1~2 个静态动作整合，使学员能够快速地掌握。

③ 整合教学：将分解技术动作、技术概念和动态动作整合为一个完整的技术

动作。

④ 自主学习阶段：学员熟练掌握技术动作，并在此基础上开始自己探索。

6. 动作示范

动作示范是指导员将所学技术进行完整或分解的展示。示范可单独进行，也可配合讲解同时进行，目的是使学员对所学技术有进一步的了解和认识。在示范时要注意动作规范、标准，并适当放慢动作节奏，使学员看得更清楚，如有必要，可进行正面、侧面和后面等不同角度的示范。

7. 指导练习

给学员练习的机会，使其更好地体会所学技术并在练习过程中提高滑行能力。指导员应在学员练习过程中给予适时的指导，并针对学员的表现及时调整练习难度和练习方法，使学员的滑行技术逐步提高。在学员练习时指导员通过提出问题的方式指导学员理解。指导员提出问题时应注意每滑行一次提出 1~2 个即可，过多地提出问题会使学员混淆概念，导致教学效果不佳。

如进阶式教学指导，即基于前一个教学步骤安排下一个教学内容。最简单的教学内容应该最先完成，下一个教学内容在上一个内容完成的基础上进一步开展教学。每一步都应该引入新内容（动作、技术、身体协调）。例如前一节课学习犁式直滑降，后一节课学习犁式直滑降与制动。

8. 反馈总结

指导员在每组练习后和每个技术动作练习结束后应及时给予学员反馈，这不仅有助于学员改进技术动作，同时也会使学员感受到自己被关注而更加积极地学习。另外，滑雪指导员应通过积极的言语鼓励学员努力练习，并通过交流加深彼此的印象，提高信任度。

在每次训练课结束之后，指导员应利用几分钟的时间对本次训练进行简短的总结。总结本次课实施的情况和效果，回答学员的问题，并对下次课提出建议和要求。

二、组织形式

1. 集体教学

滑雪指导员集合学员在雪道的一侧站好，通过简单、精练的语言为学员解释和说明相关技术动作，并适当地进行动作示范。例如滑雪指导员可组织初学者进行平地适应练习。

在集体教学中，应注意集合地点的选择。设置集结点的目的是使学员更加快速方便地寻找到指导员。上课之前的集结点应该选择视野开阔、场地平整、足够进行热身活动且有明显标识或明显建筑物的位置，使学员能够迅速地找到指导员。团课教学时，应在教学途中设定集结点，如有人掉队可在集结点汇合，要满足开阔无岔、非坡度变化较大、有明显标志物等特点，如缆车站、雪具大厅门口等。

2. 针对指导

滑雪指导员在观察学员所学技术动作时要及时发现学员动作的缺点，针对学员动作上的缺点进行相应的指正和教学，由此提高教学质量，还可大幅度提高教学效率。

选择安全的停靠点可以尽量降低学员受伤的概率，保证教学不受外界因素影响。注意：停止时应选择雪道宽度大、无岔道、非坡度变化较大等地方，尽量停靠在雪道的一侧，学员靠安全网站立，指导员在学员对面，或指导员在坡上，学员在坡下。

3. 分组练习

滑雪指导员可以根据学员对动作的领悟和技术的规范性将学员分为两组或多组，这样有利于促进学员的学习进度，提高学员的积极性。分组的原则：根据年龄、性别、滑雪水平、滑雪中的问题、学员学习目标等进行分组。

建议从学员当中选择一名或多名组长协助指导员组织教学，组长的任务是在上下缆车及教学过程中清点人数。

4. 讨论提高

滑雪指导员在每次练习或结束时可以组织学员进行技术讨论，由学员说出对动作的困惑之处，指导员进行解答，提升教学效果。

三、常用方法

运动技能的习得与巩固遵循人体力学与神经科学的三阶段理论，亦由此衍生出“一万小时定律”等运动技能教学的理论与方法。在滑雪练习过程中，一般会经历如下阶段：

① 认知阶段：辨识和吸收滑雪技能的分解内容，在大脑中演示。

② 学习阶段：将知识信息整合为流畅的身体动作，在他人指导下系统地练习滑雪动作，并通过反馈信息加以掌握。

③ 掌握阶段：熟练掌握并能够合理运用滑雪技术动作。

④ 自主探索阶段：不断打磨直至熟练，变成身体自发的反应，可以下意识完成该项技能，不再需要或几乎不需要意识上的注意。

并不是所有学员都能达到自主探索阶段，因此在滑雪技术教学中应综合运用多种教学方法。

1. 分解教学法

分解教学法适合细节较多、较复杂的技术动作的教学，将完整技术动作拆分成多个分解技术动作，由简至难地进行学习，在熟练掌握分解技术之后再将技术细节进行串联，从而完成一个技术动作的学习。例如，学员在学习半犁式转弯进入平行式转弯的阶段，指导员可将一个“C”型转弯分成三个阶段进行教学：开始阶段教学重点为新外侧脚平衡的建立；控制阶段教学重点为注意外侧板承重，内侧滑雪板的同步旋转，保持两块滑雪板始终平行；结束阶段教学重点为身体逐渐向上向前抬起，释放滑雪板压力。

2. 指令式教学法

指令式教学法的教学重点以指导员和教学内容为主。指导员对教学过程有绝对的决定权和掌控权，控制课堂变量和要素，决定教学的时机、场所和方式，并由指导员提出全部反馈意见，决定课堂气氛。教学初期，对于初学者指令式教学法教学效果最佳。

3. 任务式教学法

在任务式教学法中，教学重心逐渐从指导员转移到学生身上。指导员设立练习任务，学员自行练习，并于预先约定的地点会合。学员可以在速度和线路上有更多自由，学习过程趋于自主。

4. 探索发现式教学法

学员作为探索的主体，指导员不做指令，在保证安全的前提下，循序渐进地带领学员完成学习目标。探索过程中的每个步骤都依据上一步骤的结果进行安排。指导员只需要等待学员自行体会和解决疑问，而不提供明确的答案。指导员的引导包括设定不同的练习动作，帮助学员掌握动作或体验感觉。由于是学员自主学习，印象尤为深刻，学习效果非常显著且持久。

5. 讨论式教学法

讨论式教学法是以学员为主导，将学员分成若干小组，指导员提出一个问题（问题可能会有不止一种解决方式），在设定的范围内以小组为单位进行讨论。通过讨论式教学法，指导员可以让学员充分了解解决方式的多样性，有助于培养学员的发散思维、探索能力和筛选能力，以及探索精神和多角度思维。

6. VAK 教学法

学员通过视觉、听觉、感觉三种方式学习。指导员首先通过演示、展示、描绘等方式使学员对教学内容形成印象，然后通过讲解与阐述使学员对技术动作有进一步的了解，最后通过让学员进行动作练习，使学员体会身体做动作时的感觉。

7. 游戏教学法

游戏教学法一般运用于儿童教学，因为儿童无法像成人一样有独立思考与辨别的能力，因此需要将教学内容以游戏的形式实施到教学中，从而完成教学目标。例如，教学犁式直滑降与犁式制动时，指导员可以采用 123 木头人的游戏，即指导员在游戏开始之前制定游戏规则：指导员不说话时可以进行滑行，当指导员说 123 木头人时，学员必须完成制动。

8. 情景教学法

情景教学法与游戏教学法比较相似，是在教学时模拟出一个场景，指导员通过指令引导学员，学员则在情景中完成指导员的指令。例如，学习犁式直滑降与犁式制动时，模拟红绿灯的场景，红灯亮时学员停止，绿灯亮时学员开始滑行。

思考与实训

1. 滑雪技术教学的流程是什么？
2. 滑雪教学的组织形式有哪些？

模块六　滑雪体能训练

学习目标

模块六全面介绍了体能与技术的关系，着重讲解滑雪运动体能训练的原则与方法。使学生掌握提高专项体能的有效手段和方法，进一步提高学生的专项能力、技术水平，以及滑雪运动体能训练的教学指导能力。

情景导入

“刻苦训练、取长补短”冰雪项目国家队稳固体能打硬仗

近年来，冰雪项目国家队的体能训练和体能大比武让大家对体能训练的重视程度日益提高。如国家体育总局设定的基础体能“新十项”测试标准，该标准包含垂直纵跳、深蹲相对力量、卧推相对力量、引体向上、核心耐力测试（含平板支撑、侧向平板支撑）、俯卧撑、30米跑、400米跑 ×5组、3000米跑、体脂率十个项目的测试，另外，根据冬季项目各运动队竞技能力特点和竞技表现需求亦可增设适用专项需求的训练测试内容，如5×30米折返跑、连续五步蛙跳、30次俯卧撑、连续五步单腿跳、平衡球单腿深蹲起、原地垂直跳转、30次仰卧两头起、单腿静控站平衡球、30秒跳绳、单臂俯撑静控等。

冬季两项是射击和越野滑雪的组合项目，在技术训练的同时更要注重体能训练（图6–1）。2020年夏训期间，国家冬季两项集训队按照备战要求加强体能训练，在以往的基础体能训练中加强了专项

图6–1　冬季两项训练

体能训练，比如，越野滑雪中的上坡体能练习，身体柔韧性和灵活性的专项练习。

中国冬季两项集训队在每堂训练课结束后，都会进行大量的数据分析，找出运动员体能薄弱点，并进行针对性训练。除了要巩固射击的优势外，更要加强越野滑雪耐力训练，将夏训的专项体能训练转化运用到实战中。

北京冬奥周期各冰雪项目国家集训队加强体能补短板，夯实体能根基，越来越多的运动员从体能训练中受益，运动成绩显著提高。强大的体能储备为运动员冲击好成绩提供了稳固的体能基础，增强了运动员打硬仗的能力。

任务一 体能素质

滑雪运动表现与滑雪者体能素质密切相关，在滑雪技能提升的过程中，最为重要的环节是明确个人技术的缺陷，找出原因，进而改善。滑雪者的最佳滑雪运动表现是基于稳定高效的体能基础，简单的动作伴随年龄的增长或伤病，也有可能变得困难或技术动作变形，造成身体动作代偿。因此，应正确理解滑雪技术与体能基础的关系，正确评估滑雪运动表现。可运用功能性动作筛查来评估滑雪运动能力，如深蹲、跨步、旋转稳定性和躯干稳定俯卧撑等。

体能是运动员身体素质水平的总称。标志着运动员在专项比赛中体力发挥的最大程度，也标志着运动员无氧训练和有氧训练的水平，反映了运动员机体能量代谢的水平。体能即人体适应环境的能力，包括身体形态、身体机能、健康水平和运动素质。体能是人体从事运动的生物物质基础，是运动员的竞技能力结构中的重要组成部分。

体能训练是运动训练内容之一，也是运动训练中的重要内容。对于运动项目而言，体能训练是指通过一般和专项的身体训练，着重提高和改善受训者的机体机能水平和专项运动素质水平，提高受训者竞技能力结构的优化水平和竞技能力的绝对水平，为提高和创造高水平的运动成绩奠定坚实且深厚的基础（图 6–2）。

图 6–2 体能训练

一、体能在滑雪中的重要作用

根据运动训练学的项群训练理论，滑雪运动项目属于以技能主导类多元化动作结构为特征的非周期性运动项目，滑雪运动项目的竞技能力受很多相关因素的影响，例如，受训者主观方面的体能、技术和心理因素，客观方面的训练方法、手段和强度是否得当等。提高竞技能力的过程，是通过训练提高受训者体能、技术和心理素质的过程。但是竞技能力的提高只有在充分掌握运动项目特点的基础上实施符合运动项目特点的训练，才能获得理想的训练效果。

滑雪运动项目的体能训练分为基础体能训练和专项体能训练。无论是基础体能训练还是专项体能训练，均需要全面发展耐力、力量、速度、柔韧、灵敏、协调和平衡能力。由于身体各种素质之间、基础体能和专项体能之间存在着相互独立、相互依存和相互作用的辩证统一关系，忽略任何一方对进一步发展运动技术水平、提高运动成绩都会产生不利影响，因此，体能的储备是滑雪技能提高的保障。

寒冷的环境会使骨骼肌的黏滞性增大、肌肉收缩速度减慢、动作的灵活性降低，容易发生运动损伤。对于滑雪运动项目来说，膝关节是最重要的部位。保护膝关节最有效的方法就是加强对膝关节四周肌肉和肌腱的训练，脚踝和脚掌力量也是十分重要的，应该加强踝关节和脚掌的支撑性训练，并加强小腿肌肉的训练。综上，陆地与雪上的多样体能训练能够促进滑雪技术表现的提升，因此，应重视基础体能与平衡素质的训练。

二、基础体能评估

滑雪是一项全身性运动，滑雪者应具有良好的体能储备。对于大众滑雪爱好者的体能评估，应从健康体适能（Health-related Physical Fitness）的基本要素进行，健康体适能包含心肺耐力、肌肉力量、柔韧素质和身体成分四个方面（表 6-1）。即滑雪者有充足的精力进行日常工作、学习，同时有余力参加体育休闲活动。

表 6-1　基础体能评估表

滑雪体能评估	滑雪体能测试	评估水平	解决训练方案	备注
心肺耐力	2.4 千米有氧跑			
	厌氧阈值			
	厌氧能力			

续表

滑雪体能评估	滑雪体能测试	评估水平	解决训练方案	备注
肌肉力量	上肢－俯卧撑			
	核心－卷腹			
	下肢－蹲			
柔韧素质	坐位体前屈			
	关节活动度			
身体成分	体脂率			
	腰臀比（WHR）			腰围 / 臀围
	体重指数（BMI）			体重（千克）/ 身高 ^{2}（米）

国际体能训练领域认定心肺耐力为呼吸、体温、脉搏、血压之外的第五大生命体征。科学研究表明，心肺耐力较低人群患心血管疾病、癌症、糖尿病的风险较高，更容易早亡。心肺耐力评估能够帮助滑雪者对健康风险做出更准确的划分，并通过生活方式的干预，有效降低人们患心血管疾病及其他慢性疾病的可能。心肺耐力的测试运用最大摄氧量测试。需注意的是心肺耐力通常会有随着年龄的增长而下降的趋势，因此不同性别、不同年龄段的评价标准不同。

其中，体重指数 BMI（Body Mass Index）是最常用的衡量自身健康的统计工具，是世界公认的评定肥胖程度的分级方法。医学上用以衡量大众的纤体标准。计算公式为体重指数（BMI）= 体重（千克）÷ 身高 ^{2}（米），如一位男性滑雪着的身高为 1.7 米，体重为 70 千克，则他的 $BMI=70/1.7^2=24.22$，根据表 6–2，这位滑雪者的 BMI 指数已属于超重范围，应合理规划膳食，结合有氧训练，适当控制体脂。

表 6–2 中国人群 BMI 评价标准

标准	阈值	备注
低体重	BMI < 18.5	
正常体重	18.5 ≤ BMI < 24	
超重	24 ≤ BMI < 28	
肥胖	BMI ≥ 28	

上述我国人群 BMI 指数标准供滑雪人群参考，将自身体重指数保持在健康范围有利于滑雪动作的完成。滑雪者正确评估个人基础体能，能够明确综合体能素质的欠缺，并运用针对性训练方案进行改善。均衡提升综合体能素质，才会提高滑雪者

技术水平。

思考与实训

1. 什么是体能？
2. 体能在滑雪中的作用是什么？
3. 评估基础体能的方法有哪些？

任务二　体能训练

体能训练应与滑雪技术特点紧密结合，根据滑雪者的身体素质、技术水平，采用科学、合理的训练方法。在进行专项体能训练之前需要进行基础体能训练。

一、基础体能训练

1. 耐力素质训练

耐力素质训练主要采用持续训练方法和间歇训练方法。

训练注意事项与耐力素质如下：

① 训练初期，练习的速度和强度不宜过高。

② 不同训练水平的学员应进行因材施教。

③ 耐力训练的距离和速度应逐步增加。

④ 与柏油路和水泥路相比，土路对运动员下肢各关节更具有保护作用。

2. 力量素质训练

滑雪运动项目需要下肢有较强的肌肉力量，主要是瞬间完成动作的快速力量和连续完成各种动作的力量耐力。力量素质的训练主要采用间歇训练法、重复训练法和循环训练法。

力量素质训练注意事项如下：

① 肌肉的紧张训练和放松练习交替进行，增加肌肉的弹性。

② 力量训练避免憋气训练，训练动作和呼吸注意配合。

③ 增加训练的负荷，跟运动员训练水平的增长相一致。

3. 速度素质训练

速度素质训练重点要发展运动员最高速度移动的能力，即动作速度。速度素质训练主要采用间歇训练法和重复训练法。

速度素质训练注意事项如下：

① 全面发展速度素质的反应速度、动作速度和移动速度。

② 在最高速度下完成动作的各种练习，注意安全，防止受伤。

③ 为了保证速度素质训练的质量和效果，在每日训练中应先进行速度素质训练。

4. 平衡性素质训练

滑雪运动项目的平衡性体现在高速滑行中保持姿势的能力。保持姿势的能力中，自我感觉很重要，敏感的感觉可以使自己在轻微失去身体重心的情况下迅速做出保持平衡姿势的动作。

平衡性素质训练注意事项如下：

① 疲劳时不进行平衡性训练。

② 有目的、有计划地经常进行平衡性训练。

5. 柔韧性素质训练

滑雪运动项目中身体的柔韧性很重要，柔韧性影响技术动作的舒展、规范程度和速度，也可有效预防损伤。

柔韧性素质训练注意事项如下：

① 开始练习时的动作幅度不宜过大。

② 受伤或有疼痛的部位，避免过分的伸展练习。

③ 全面的练习部位和丰富的练习内容对训练效果有良好的作用。

④ 常年坚持柔韧性训练。

二、专项体能训练

滑雪的专项体能训练依据滑雪技能，需要进行力量、速度和协调性等综合运动能力的锻炼。近几年，室内滑雪模拟机、旱雪等非雪训练设备和技术更多地被应用于专业和业余训练。目前很多城市都有非雪练习场地，智能化室内滑雪机已经遍布全国，为全天候的滑雪训练打下基础。

根据滑雪运动的特点，体能是基础，技术是重点，技术与体能协调发展是关键。围绕滑雪的基本技能要点进行专项体能训练更具有针对性，趋向于专项化发展，充分利用室内滑雪模拟器材和陆地模仿，人为地创造了训练条件，为滑雪训练打下基础。我国滑雪运动项目的运动技术水平还在逐渐提高阶段，受地理和气候等条件所限是雪上训练时间偏少的主要原因之一。无雪期的训练应选择符合专项特点的训练方法，以缓解雪上训练时间不足的问题。

滑雪运动项目的专项体能训练尽可能选择和采用体能与技术相结合的训练方法和手段，使体能和技术同步协调发展，提高运动技术水平。另外，采用的训练方法和手段至少在某一方面要符合专项体能训练的特点，贴近专项体能的需求，以增加训练的针对性和实效性。

从冰雪教学与训练的实践中得知，体能训练水平越高，专项技术水平就会越高，专项技术水平与体能水平相适应是科学训练的最优化，也是科学训练的必然结果；专项技术是学员体能训练水平的表现形式，体能训练水平又通过专项技术表现出来，因此，体能与专项技术是相互促进、相互制约、相互融合的统一体。只有同时具备高水平专项技术能力和专项的体能储备才能全面提升滑雪技能。所以专项技术训练在滑雪教学实践中非常重要。

思考与实训

1. 力量素质训练有哪些训练方法?
2. 滑雪专项体能训练的重要性?

任务三　常用训练方法

在一般的体能训练中，力量、耐力、速度与柔韧性、灵敏性等非专项性的基础能力与其专项成绩的提高并没有直接关系，而对双板滑雪运动员而言，以上能力起着至关重要的作用。双板滑雪运动中，下肢力量和核心稳定性相对重要。下面主要从徒手、抗阻、稳定性和敏捷性四个方面分析常用的训练方法。

一、徒手训练

滑雪者提高神经募集可进行较重负荷的训练，增大参与目标运动所需肌肉的横截面面积或进行能够完成高爆发力动作的多肌肉、多关节训练，用于提高快肌纤维的募集时则，会提高力量产出。

（一）上肢、下肢、躯干动作练习

其中上肢徒手训练主要发展胸大肌、三角肌前束、肱三头肌、前锯肌、腹直肌、腹横肌和腹内外斜肌等。下肢徒手训练主要激活肩部、躯干和臀部肌群。

1. 俯卧撑

① **起始姿势：**俯撑姿势，双手、双脚脚尖撑地，双手距离微比肩宽，手臂伸直；身体保持从肩膀到脚踝呈一条直线。

② **动作要点：**双臂自然弯曲，身体下沉，胸部距离地面 2~3 厘米；双臂用力撑起身体，回到起始姿势。保持挺胸直背，身体不要晃动；腹部收紧，不要塌腰或翘起臀部（图 6–3）。

图 6–3　俯卧撑

③ **负荷建议：**每组 20~30 次，组数 2~3 组，每组间隔 30 秒 ~1 分钟。

④ **进阶——跪姿俯卧撑：**俯撑姿势，双手双膝撑地，双手距离微比肩宽，手臂伸直；身体保持从肩膀到膝盖呈一条直线，双臂自然弯曲，身体下沉，胸部距离

地面 2~3 厘米；双臂用力撑起身体，回到起始姿势（图 6–4）。

图 6–4　跪姿俯卧撑

⑤ **进阶——近手俯卧撑：**俯撑姿势，双手、双脚脚尖撑地，双手大拇指和食指围成心形，手臂伸直；身体保持从肩膀到脚踝呈一条直线，双臂自然弯曲，身体下沉，胸部距离地面 2~3 厘米；双臂用力撑起身体，回到起始姿势（图 6–5）。

图 6–5　近手俯卧撑

⑥ **进阶——斜线俯卧撑：**俯撑姿势，双手、双脚脚尖撑地，右手上移 10 厘米，双手距离微宽于肩，手臂伸直；身体保持从肩膀到脚踝呈一条直线。双臂自然弯曲，身体下沉，胸部距离地面 2~3 厘米；双臂用力撑起身体，回到起始姿势；换右手在下，左手在上，重复以上步骤，直到本组次结束（图 6–6）。

图 6–6　斜线俯卧撑

2. **抱膝跳**

① **起始姿势：**身体自然直立，挺胸抬头，背部平直，双臂自然放于身体两侧，双脚站距与肩同宽，双臂向后摆动，上身前倾，呈半蹲姿势。

② **动作要点：**爆发式起跳后，膝关节快速向胸前靠近，双手抓住膝关节并在

落地前松开（图 6–7）。

图 6–7　抱膝跳

③**负荷建议：**每组 15~25 次，组数 2~3 组，每组间隔 30 秒 ~1 分钟。

3. 交替分腿蹲跳

① **起始姿势：**身体自然直立，挺胸抬头，背部平直，腹部收紧，单腿向前屈膝、屈髋 90°，并保持另外一条腿在身体中心线后侧，呈弓步。

② **动作要点：**爆发式起跳后，双臂同时向上，辅助上举，落地时，保持弓步姿势并换另外一条腿立刻重复跳跃；跳跃时，保持最大高度与最大爆发力（图 6–8）。

图 6–8　交替分腿蹲跳

③ **负荷建议：**每组 10~20 次，组数 2~3 组，每组间隔 30 秒 ~1 分钟。

4. 旋转跳 90°

① **起始姿势：**身体自然直立，挺胸抬头，背部平直，双臂自然放于身体两侧，

双脚站距与肩同宽，双臂向后伸展，上身前倾，呈半蹲姿势。

② **动作要点**：手臂向上快速摆起，双脚蹬离地面的同时身体向一侧方向旋转90°，落地呈自然站立姿势（图 6–9）。

图 6–9 旋转跳 90°

③ **负荷建议**：每组 5~10 次，组数 3~4 组，每组间隔 30 秒 ~1 分钟。

5. 旋转跳 180°

① **起始姿势**：身体自然直立，挺胸抬头，背部平直，双臂自然放于身体两侧，双脚站距与肩同宽，双臂向后摆动，上身前倾，呈半蹲姿势。

② **动作要点**：手臂向上快速摆起，双脚蹬离地面的同时身体向一侧方向旋转180°，落地呈自然站立姿势（图 6–10）。

图 6–10 旋转跳 180°

③ **负荷建议**：每组 5~10 次，组数 3~4 组，每组间隔 30 秒 ~1 分钟。

上肢、下肢、躯干通过不同动作练习，可以激活腹壁深层肌肉群与大腿、小腿肌肉群，提高脊柱腰部稳定性，预防脊柱、腰部运动损伤，增强上肢、下肢力量。此类训练多以激活肌肉为目的，从而增加在陆地训练中体验滑行时做点杖动作的节奏感。强化正确的动作模式，有利于提升运动表现。

（二）跪撑类练习

跪撑类练习的功能是激活肩部、臀部及躯干肌群。

1. 肩胛骨推

① **起始姿势：**跪姿，双手着地，双臂伸直；双手推起，使胸部尽量远离地面；身体下降，回到起始姿势（图 6–11）。

② **动作要点：**注意保持腹部收紧，下颌收紧。

图 6–11　肩胛骨推

③**负荷建议：**每组 25~35 次，组数 2~3 组，每组间隔 30 秒 ~1 分钟。

2. 单手单腿伸

① **起始姿势：**跪姿，双手着地，双臂伸直，腹部收紧。

② **动作要点：**抬起右手左脚，直至与地面平行，注意保持腹部收紧，运动中躯干不要出现多余动作，在保证上身稳定的前提下，尽可能地抬高肢体，回到起始姿势后，换至对侧练习（图 6–12）。

图 6–12　单手单腿伸

③**负荷建议：**每组 25~35 次，组数 2~3 组，每组间隔 30 秒 ~1 分钟。

3. 伸髋

① **起始姿势：**呈双臂伸直且双膝屈曲跪于地面姿势，腹部收紧。

② **动作要点：**右腿屈曲 90°，向后抬起与地面平行，注意背部平行于地面，回到起始姿势后，换对侧腿练习（图 6–13）。

③ **负荷建议：**每组 25~35 次，组数 2~3 组，每组间隔 30 秒 ~1 分钟。

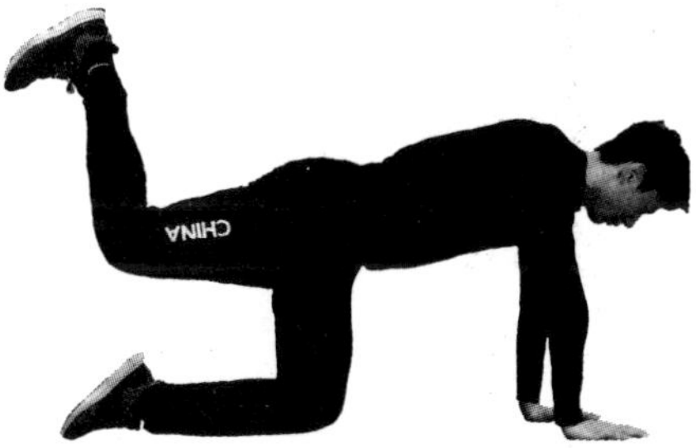

图 6–13　伸髋

4. 髋外展

① **起始姿势：**呈双臂伸直且双膝屈曲跪于地面姿势，腹部收紧。

② **动作要点：**右腿屈曲 90° ，向后抬起与地面平行，注意保持躯干不动，回到起始姿势后，换对侧腿练习（图 6–14）。

图 6–14　髋外展

③ **负荷建议：**每组 25~35 次，组数 2~3 组，每组间隔 30 秒 ~1 分钟。

（三）俯卧类练习

俯姿支撑的功能是激活肩部、躯干及臀部肌群。

俯桥 – 单手单脚伸

① **起始姿势：**身体保持俯撑姿势，双肘屈肘 90° ，支撑于肩部正下方，双脚、双肘与肩同宽，保持背部平直；身体保持稳定，同时抬起一侧手及对侧脚保持平衡。

② **动作要点：**注意保持腹部收紧，躯干稳定不动，身体重心位于双脚之间。回到起始姿势后，换对侧进行练习（图 6–15）。

图 6–15　俯桥 – 单手单脚伸

③ **负荷建议：** 每组 25~35 次，组数 2~3 组，每组间隔 30 秒 ~1 分钟。

（四）仰卧类练习

仰卧类练习的功能是激活臀大肌、大腿后侧肌群、背部肌群。

1. 臀肌桥 – 双腿支撑

① **起始姿势：** 身体仰卧于支撑面上，双手放于身体两侧，屈膝。

② **动作要点：** 勾脚，臀部收缩，抬起髋部，直至肩、躯干、髋、膝呈一条直线，保持 3~5 秒，回到起始姿势。注意背部不要出现弓形（图 6–16）。

图 6–16　臀肌桥 – 双腿支撑

③ **负荷建议：** 每组 5~8 次，组数 2~3 组，每组间隔 30 秒 ~1 分钟。

2. 臀肌桥 – 单腿直膝

① **起始姿势：** 身体仰卧于支撑面上，双手放于身体两侧，屈膝。

② **动作要点：** 勾脚，臀肌收缩，抬起髋部，直至肩、躯干、髋、膝呈一条直线，保持臀肌桥姿势，一侧腿伸直。注意伸腿过程中不要弓背。伸直腿回到起始姿势，换对侧腿练习（图 6–17）。

图 6–17　臀肌桥 – 单腿直膝

③ **负荷建议：** 每组 3~6 次，涉及对称性动作，左右分别进行。组数 1~2 组，每组间隔 30 秒 ~1 分钟。

（五）侧卧类练习

侧卧练习的功能是激活臀部外侧肌群和髋外展肌肉群。

侧桥

① **起始姿势：** 身体呈一条直线侧卧于支撑面上，左手置于腰间；右肘屈曲 90° 支撑躯干，双脚并拢伸直，保持 10~15 秒。

② **动作要点：** 注意推起躯干时，腹部收紧；注意收下颌、伸髋，保持躯干呈一条直线；注意身体躯干、支撑手臂和双腿保持直线，没有任何弯曲，回到起始姿势后，换至对侧进行练习（图 6–18）。

图 6–18　侧桥

③ **负荷建议：** 每组 1 分钟，组数 3~5 组，每组间隔 30 秒 ~1 分钟。

核心类徒手训练通过不同姿势动作练习，以激活臀大肌兴奋性为主要目的，从而提高髋关节稳定性、增强腹部肌群力量、预防下肢运动损伤。

二、抗阻训练

全面且适当的抗阻训练能够改善人体的柔韧性，有助于提高人体在新增加的关节活动度内发力的能力。在拉伸之余，可将力量训练作为提高柔韧性的重要辅助手段。需要注意的是，小幅度的大负荷抗阻训练可能会降低关节活动度。为防止关节活动度下降，滑雪者需要对主动肌和拮抗肌进行协调发展训练，并且训练的动作幅度需要覆盖整个关节活动范围。下面介绍几个常用的抗阻练习方法。

1. 胸前推球

① **起始姿势：** 身体保持直立前后分腿单膝跪姿，两人一组，相距 1 米左右，一人双手持药球于胸前，另一人手臂伸直准备接球。

② **动作要点：** 双手同时发力，将药球推向同伴，接球时不要太靠近胸部；连续推球时，药球不要在胸前停留；始终保持标准的身体姿势，背部平直，腹部收紧；

动作连贯，没有停顿（图 6–19）。

图 6–19　胸前推球

③ **负荷建议：**每组 30~40 次，组数 3~5 组，每组间隔 30 秒 ~1 分钟。

2. 头上抛球

① **起始姿势：**两人一组，身体保持直立伸髋，面对面双膝跪姿，一人双手持药球于头上，手臂弯曲；另一人双手举过头顶，做好接球准备。

② **动作要点：**髋部微微后坐，膝部微屈；在扔球过程中，保持身体的平衡与稳定。始终保持标准的身体姿势，背部平直，腹部收紧；动作连贯，没有停顿（图 6–20）。

图 6–20　头上抛球

③ **负荷建议：**每组 30~40 次，组数 3~5 组，每组间隔 30 秒 ~1 分钟。

3. 杠铃高拉

功能是提高动力链能量传递效率、提高爆发力，主要增强臀大肌、股四头肌、腘绳肌、内收肌、腓肠肌、比目鱼肌和斜方肌力量。

① **起始姿势：**双脚平行开立比髋稍宽，呈下蹲姿势，双手正握杠铃，握距微比肩宽，置杠铃于小腿胫骨前。

② **动作要点：**开始时，保持挺胸直背，肩胛骨内收，保持杠铃位于胸部正下方；膝关节不要超过脚尖或内扣，在充分伸髋后提拉杠铃（图 6–21）。

图 6–21　杠铃高拉

③ **负荷建议：**每组 10~15 次，组数 3~5 组，每组间隔 30 秒 ~1 分钟。

4. 杠铃高翻

① **起始姿势：**双脚平行开立比髋稍宽，呈下蹲姿势，双手正握杠铃，握距微比肩宽，置杠铃于小腿胫骨前。

② **动作要点：**开始时，保持挺胸直背，肩胛骨内收，保持杠铃位于胸部正下方；膝关节不要超过脚尖或内扣；在充分伸髋后提拉杠铃；提拉过程中，保持肘高于手，杠铃贴近身体；提拉过程中，可踮起脚尖或跳离地面产生更大的爆发力（图 6–22）。

图 6–22　杠铃高翻

③ **负荷建议**：每组 10~15 次，组数 3~5 组，每组间隔 30 秒 ~1 分钟。

5. **杠铃 – 悬垂抓举**

① **起始姿势**：双脚平行开立比髋稍宽，呈下蹲姿势，双手正握杠铃，握距微比肩宽，置杠铃于小腿胫骨前。

② **动作要点**：开始时，保持挺胸直背，肩胛骨内收；膝关节不要超过脚尖或者内扣；在充分伸髋后再使用上肢提拉；提拉过程中，保持肘高于手，杠铃贴近身体；提拉过程中，可踮起脚尖或跳离地面产生更大的爆发力（图 6–23）。

图 6–23　杠铃 – 悬垂抓举

③ **负荷建议**：每组 10~15 次，组数 3~5 组，每组间隔 30 秒 ~1 分钟。

6. **杠铃 – 挺举**

① **起始姿势**：双脚平行开立比髋稍宽，呈下蹲姿势，屈肘正握杠铃置于肩前，握距微比肩宽，置杠铃于小腿胫骨前。

② **动作要点**：向后屈髋屈膝至 1/4 蹲位，然后迅速跳起；当下肢完全伸展时，快速将杠铃推举过头顶至双臂伸直，落地呈分腿蹲姿；先收后侧腿，再收前侧腿。开始时，保持挺胸直背；膝关节不要超过脚尖或者内扣；在充分伸髋后再使用上肢推举；动作过程中，可踮起脚尖或跳离地面产生更大的爆发力（图 6–24）。

图 6–24　杠铃 – 挺举

③ **负荷建议：**每组 10~15 次，组数 3~5 组，每组间隔 30 秒 ~1 分钟。

7. 哑铃 – 单臂抓举

① **起始姿势：**身体直立，挺胸直背，右手正握哑铃自然下垂，置于髋部。

② **动作要点：**开始时，保持挺胸直背，肩胛骨内收，保持哑铃位于髋部；膝关节不要超过脚尖或者内扣；在充分伸髋后再使用上肢提拉；提拉过程中，保持肘高于手，哑铃贴近身体；提拉过程中，可踮起脚尖或跳离地面产生更大的爆发力（图 6–25）。

图 6–25　哑铃 – 单臂抓举

③ **负荷建议：**每组 10~15 次，组数 3~5 组，每组间隔 30 秒 ~1 分钟。

8. 哑铃 – 前蹲至过顶推举

① **起始姿势**：直立姿正常站位，双手直握哑铃置于肩上耳侧，距离与肩同宽。

② **动作要点**：保持手臂姿势不变，屈髋下蹲至大腿与地面平行；伸髋站起，同时将哑铃推举过头顶至手臂伸直，保持挺胸直背，腹部收紧；下蹲时，重心保持在脚跟，膝关节不要超过脚尖或者内扣；推举过程中，保持肩胛骨内收（图 6–26）。

③ **负荷建议**：每组 20~30 次，组数 3~5 组，每组间隔 30 秒 ~1 分钟。涉及力量性动作，保证动作姿势正确后进行。

图 6–26　哑铃 – 前蹲至过顶推举

9. 弹力带 – 过顶深蹲

① **起始姿势**：身体保持直立，双手用力握住弹力带置于头顶，手臂伸直，保持弹力带绷直。

② **动作要点**：屈髋屈膝下蹲，双手向两侧拉动弹力带，直至大腿与地面平行。保持肩部稳定，手腕伸直，弹力带始终位于身体重心正上方；保持脚尖方向竖直向前（图 6–27）。

③ **负荷建议**：每组 10~15 次，组数 3~5 组，每组间隔 30 秒 ~1 分钟。涉及力量性动作，保证动作姿势正确后进行。

图 6–27　弹力带 – 过顶深蹲

以上抗阻性训练主要为滑雪者进行徒手训练后进一步加强全身肌肉力量，抗阻训练的训练量设定需要基于滑雪者的抗阻训练目标。滑雪者在开始抗阻训练计划时，进行多组训练将比进行单组训练更快地增强肌肉力量，但不能在每次训练课的每一个练习中使用与固定的重复次数相对应的最大负荷重量，且成功完成多组，因为疲劳会影响后续各组所能完成的重复次数。

三、稳定性训练

稳定性是指身体所处的一种姿势和在运动或受到外力作用时能够自动调整并维持姿势的能力。保持稳定是完成诸多运动技能的前提条件。平衡稳定可分为对称性平衡、静态平衡和动态平衡三种。平衡稳定的水平与前庭器官、本体感受器、视觉器官、大脑平衡调节、小脑共同协调和肢体肌肉力量等机能密切相关。在进行充分的基础体能练习的基础上为避免和减少运动中意外损伤的出现，同时为更高效地提高运动水平，必须要做好充分的专项体能储备。

稳定性训练功能在于发展胸大肌上束、肱三头肌、三角肌、肋间肌、腹直肌和腹横肌等；主要发展臀大肌、腘绳肌、竖脊肌和腰方肌等，提高平衡能力、旋转躯干动作的力量与爆发力，有助于强化腹部力量，发展核心力量。

1. 反向腘绳肌拉伸（燕式平衡）

① **起始姿势：**直立姿单腿站位，右脚抬离地面，背部平直，腹部收紧，双臂侧平举与身体呈 90°，手掌半握，拇指朝上；保持头部与脚踝呈一条直线，俯身并向后抬高右腿，右侧臀部收紧，双手拇指始终朝上至身体与地面平行，保持牵拉 1~2 秒，并控制身体平衡；收紧臀大肌和腘绳肌回到站立位置，换对侧腿，重复刚才的动作，双腿交替进行，至完成规定次数。

② **动作要点：**注意保持支撑腿微屈，背部挺直，髋关节与地面平行，保持臀部、膝盖和脚踝呈一条直线，尽量使抬起的脚不接触地面（图 6–28）。

③ **负荷建议：**每组 10~15 次，组数 3~5 组，每组间隔 30 秒 ~1 分钟。

图 6–28 反向腘绳肌拉伸（燕式平衡）

2. 药球 – 快速伸缩复合训练 – 俄罗斯旋转

① **起始姿势：**身体呈仰卧起坐姿，双脚脚尖抬离地面，双腿屈髋屈膝，腹部收紧，背部保持平直，双手屈肘，躯干向同伴方向微微旋转，同伴双手持球位于练习者侧面。

②**动作要点：**同伴将药球掷向练习者，练习者双手抓住药球的同时，躯干顺势向身体的另一侧旋转，将药球拉至另一侧髋关节处；当动作达到最大幅度时，练习者迅速且尽力地旋转躯干将药球推还给同伴；同伴抓住药球，回到起始姿势，

重复规定的次数通过两侧腹部发力，带动肩部、手臂将药球抛出；保持躯干稳定性，动作连贯完成（图 6–29）。

图 6–29　药球 – 快速伸缩复合训练 – 俄罗斯旋转

③ **负荷建议：**每组 20~25 次，组数 3~5 组，每组间隔 30 秒 ~1 分钟。

3. 瑞士球 – 臀肌桥

① **起始姿势：**仰卧，双手放于身体两侧，足跟放于瑞士球上；双腿伸直，勾起双脚。

② **动作要点：**臀部收缩且髋部抬起，使肩部、躯干、膝关节呈一条直线；保持 3~5 秒，回到起始姿势。注意保持腹部、臀部收紧，身体呈一条直线；激活臀部、股后、背部肌群（图 6–30）。

图 6–30　瑞士球 – 臀肌桥

③ **负荷建议：**每组 10~15 次，组数 3~5 组，每组间隔 30 秒 ~1 分钟。

四、敏捷性训练

敏捷素质是指人体快速运动的能力。它包括反应速度、动作速度和位移速度。速度敏捷是竞技运动项目中的基础和核心，通过系统的敏捷性训练可有效提高力量、协调和灵敏素质。敏捷性训练主要采用间歇和重复训练法进行训练。为了保证敏捷性训练的质量和效果，在每日训练中需先进行敏捷训练，且在最高速度下完成动作的各种练习，注意安全、防止受伤。

1. 双腿前后跳

① **起始姿势：**上体前倾，双脚间距微宽于肩，脚跟略微抬起，膝关节微屈，背部平直，腹部收紧；双臂微屈，随跳跃前后摆动。

② **动作要点：**双腿有节奏、有弹性地向前后方快速跳跃，双脚前脚掌着地后再次迅速跳起。运动时脚不要拖地，注意髋关节、膝关节和踝关节发力；跳跃结束后可向前冲刺 5~10 米进行放松。注意节奏变化，由慢逐步到快，达到极限频率，并尽可能地维持几秒（图 6–31）。

图 6–31　双腿前后跳

③ **负荷建议：**每组 25~35 次，组数 3~5 组，每组间隔 30 秒 ~1 分钟。

2. 碎步跑

① **起始姿势：**上体前倾，双脚间距稍宽于肩，脚跟略微抬起，膝关节微屈，背部平直，手臂呈前后摆臂状。

② **动作要点：**脚微微抬起，用最快的频率碎步运动，同时缓慢地向前移动。注意频率的节奏变化，脚步由慢逐步到快，并尽可能地维持几秒，始终保持较慢的摆臂频率，并注意协调性。保持身体的基本运动姿势，脚尖向小腿靠拢，运动时脚不要拖地，髋关节、膝关节和踝关节发力；快速运动结束后可向前继续跑动 5~10 米进行放松（图 6–32）。

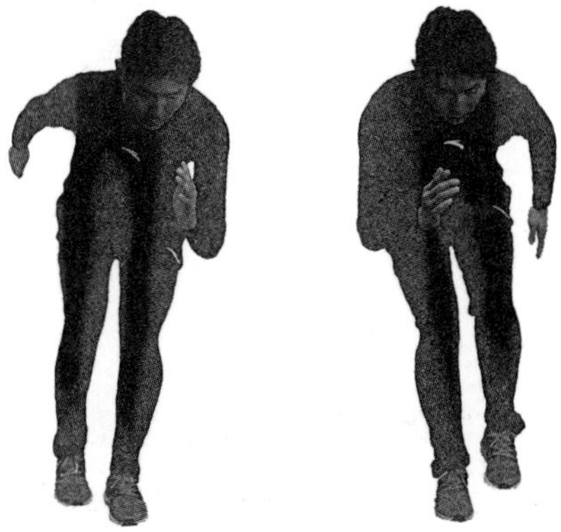
图 6–32 碎步跑

③ **负荷建议：** 每组 15~20 米，组数 3~5 组，每组间隔 30 秒 ~1 分钟。

3. 快速转髋

① **起始姿势：** 保持身体直立躯干向前，脚跟略微抬起，膝关节微屈，背部平直，收紧腹部，双臂微屈垂于身体两侧。

② **动作要点：** 小幅度、有弹性地快速跳离地面，跳跃的同时向右转髋，向左摆臂，落地后迅速向反方向跳跃，摆臂方向与髋关节转动方向相反。发力点集中于髋关节，保持胸部向前，尽可能保持上下肢的协调性，以最快的速度重复跳跃（图 6–33）。

图 6–33 快速转髋

③ **负荷建议：** 每组 10~20 次，组数 3~5 组，每组间隔 30 秒 ~1 分钟。

4. 侧向高抬腿绳梯训练

① **起始姿势：** 身体直立，侧向高抬腿移动。

② **动作要点：** 以向左移动为例，沿绳梯格子逐个侧向移动。动作灵敏快捷、腿部高抬，摆臂协调配合（图 6–34）。

图 6–34 侧向高抬腿绳梯训练

③ **负荷建议：** 反复练习，逐渐提升抬腿的频率。

经过一系列针对性体能训练，滑雪者可以明确感知身体核心力量的提升和不断增强的平衡能力。在完成日常活动时，能够拥有更好的心肺耐力和更敏捷的移动能力。在进行滑雪运动时，可以更好地控制臂腿肌群完成滑雪技术，良好的身体素质促使滑雪者在挑战新的难度技术时变得更加容易，为日常活动和双板滑雪提供力量基础与功能运动的健康支持。

滑雪者不但可以在雪场上享受户外滑雪的乐趣，也可以在陆地体能训练中燃烧卡路里、增强心肺耐力、提高协调能力与平衡能力，让参与大众滑雪运动的滑雪爱好者在增强体质的同时提升幸福感。

思考与实训

1. 双板滑雪下肢训练方法有哪些？
2. 双板滑雪核心训练方法有哪些？
3. 设计一套双板滑雪运动的陆地训练方案？

模块七 滑雪安全与救护

学习目标

滑雪是高危险性的体育项目，注重滑雪安全非常必要。熟悉滑雪运动安全规范，能够有效规避滑雪运动中的运动风险；掌握成人和儿童的心肺复苏技术，能够熟练应用心肺复苏术对患者进行急救。本模块结合滑雪运动安全规范、滑雪损伤与急救常识详细阐述滑雪安全，以此增加滑雪者的安全常识和意识，了解滑雪运动损伤的原因，并且针对容易产生运动损伤的情况进行科学预防。

情景导入

“尽职敬业、守护安全”滑雪医疗队是赛场上的“全能战士”

万众瞩目的2022年北京冬奥会中，位于延庆赛区有“冬奥会皇冠上的明珠”之称的高山滑雪是组织难度最大、复杂程度最大的冬季体育运动项目之一，同时也是一项危险系数极高的运动。

在滑雪运动急救方面，我国此前更是一片空白。然而，在我国成功申办2022年北京冬奥会之后，一切都不一样了。

据报道，为了筹办2022年北京冬奥会、冬残奥会，我国在医疗保障服务方面创造了多个第一：

中国第一支冬奥会医疗救援直升机保障团队

奥运史上第一个冬奥会保温机库

中国第一支冬奥会雪上医疗救援队

奥运史上第一次奥运场馆AED全覆盖

奥运史上第一次在奥运村综合诊所使用CT、磁共振、DR移动方舱

第一次在冬奥会上实施闭环管理医疗救援

第一次实施冬奥会医疗救援云指挥、云调度

第一次实施冬奥会知识、急救理论云培训

第一次在冰球场馆部署移动 CT 检查车

第一次冬奥会医疗保障人员全部通过高级心血管生命支持急救培训

据历届冬奥会的统计，运动员在训练和比赛中受伤的比例为 15% ~ 30%，其中重伤超过 1%。高山滑雪最高时速可达到 130 ~ 140 千米 / 时，运动员一旦在高速滑行中出现失误，其四肢、脊椎、颅脑都有可能受到严重损伤，甚至危及生命。

在“雪飞燕”赛场上进行医疗保障的正是北京冬奥会高山滑雪医疗队。按照 2022 年北京冬奥会的竞赛日程，2022 年 2 月 6 日高山滑雪男子滑降项目正式开赛，但因大风天气被迫延期于 2 月 7 日进行，这也意味着接受医疗保障的人数增加，工作压力也随之增加。

下午 4 点左右，在女子竞技超级大回转比赛中，一名运动员在接近终点线摔倒，医疗队仅用 1 分钟就穿过终点区赶到伤员身边。此时受伤的运动员非常痛苦，左膝弯曲，医疗队快速给予止痛、下肢夹板固定，救援船迅速将受伤运动员转运到运动员医疗站。北京积水潭医院创伤骨科医师接诊后，迅速检查伤口，包扎止血，并用流利的英语和运动队队医交代病情，10 多分钟后，救护车将伤员转运至定点医院冬奥专区（图 7–1）。

图 7–1　雪上救援

冬奥会医疗保障工作实现了多个从“0”到“1”的突破，展现了我国医疗保障工作的高标准、高质量水平，而这背后更是新时代大国医者的担当与风范。

任务一　学习中国滑雪运动安全规范

中国滑雪运动安全规范是为了加强对滑雪场经营的指导、监督、管理，强化对滑雪者人身安全的保护，促进滑雪运动、滑雪场所健康、有序、持久发展。以下是结合滑雪场所管理者安全规范、滑雪者行为守则、滑雪指导员安全和行为守则、安全使用器材和装备、索道的安全规则、滑雪者须知六个方面详细阐述中国滑雪运动安全规范。

一、滑雪场所管理者安全规范

安全的滑雪环境和科学的管理是滑雪场所对滑雪者重要的安全保障，负责滑雪场所的管理人员应该遵守滑雪安全守则，保护滑雪者，妥善处理滑雪场所的相关事宜。

1. 确保安全

滑雪场管理者（法定代表人）应在有关法规和监督部门的指导下，全面执行安全规则，竭力保证滑雪场所的安全。

2. 保护滑雪者

滑雪场管理者，要预测事故的发生并时刻准备进行急救。要采取适当的措施以预防事故的发生。工作人员要时刻做好准备，常备各种急救用具、运送工具等，努力防止和减轻滑雪者的伤害。

3. 对滑雪者的提示

滑雪场管理者应该在滑雪场入口或醒目的地方设置语言简练的提示板，内容范围如下：

① 提示滑雪者滑雪有危险，请他们认真考虑，谨慎行动；

② 提示或警告滑雪者容易发生危险的雪道地点；

③ 提示滑雪者，在管理区以外的场所活动，在非滑雪道、未开放或已关闭的滑雪道、非该项目的滑行道等地活动，如发生伤害事故，自己负责任的内容；

④ 滑雪场使用的标识和表达方式一览图表。

4. 向导图的设置

① 要在滑雪场入口和其他醒目的地方，设置滑雪场整体向导图。

② 向导图应包含以下内容：A. 管辖范围；B. 全部索道平面图；C. 各级别滑雪道平面图；D. 表示索道、滑雪道是否开放或关闭，管理办公室、巡察员值班室、医疗机构等管理设施；E. 滑雪指导员室、滑雪学校、托儿所、休息室、餐厅等服务设施。

③ 除了在入口等处设置向导图外，还应该在空中索道乘用处设置向导图以及与该索道匹配的滑雪道路线图。

④ 向导图的各种符号，应使用全国统一的滑雪场所标识。

5. 配备安全巡察员

滑雪场需要有专门的安全巡逻员，并且分布在雪场的各条雪道及其游戏等区域。安全巡逻员应该具备熟练的滑雪技术和相应的急救常识，不间断地进行安全救护巡逻。

6. 急救医疗的准备

滑雪场所应该设有医疗救护点或医疗室，并有医护人员值班，能够进行简单的救护和伤病处理，常备急救用具、运输工具等，以应对突发事故。

7. 设置标识

① 在滑雪场必要的地点设置以下标识：A. 禁止危险行为的“禁止标识”；B. 提醒注意危险警告的“注意标识”；C. 指示特定使用方法的“指示标识”；D. 表示雪道难度的“难易度标识”。

② 应使用全国统一的滑雪场标识。

8. 设置禁止进入区域

在滑雪场或其他禁止入内的地点设置禁入标识，必要时可以增设绳索、绳网、栏杆等阻拦设施。

9. 对危险物的警示

设置标识或替代物提示滑雪者注意：滑雪场内或邻近雪道的自然障碍物和人工障碍物；即时的天气情况；能见度 30 米以内的物体。

10. 特殊情况的应急通告

出现下列情况时，滑雪场管理者要向场内全体人员和滑雪者发出应急通告：

① 因雪层薄，地面或地面物体露出或容易露出的滑雪道；
② 雪道关闭的情况；
③ 停止运行的索道；
④ 部分雪道比正常情况滑行的难度增大；
⑤ 气象台发出的气象警报；
⑥ 在某地段雪道临时设置了物体；
⑦ 遇到其他类似影响滑雪安全的情况。

11. 山上没有初级滑雪道时应出告示

山上没有初级滑雪道时，应该在空中索道乘坐处醒目的地方，告示初学者不要乘坐索道上山。山上没有中级滑雪道时，应采取同样措施。

12. 告示牌、揭示板、标识物的维护

在滑雪场开放时，要确认告示牌、揭示板、标识物等是否能够看清楚，巡察员还应定期检查。

13. 雪崩的危害

① 滑雪场要尽可能防止雪崩给滑雪场带来的危害；
② 当雪崩发生并给滑雪者带来危险时，应该尽早将雪场或部分雪场关闭。采取引导避难、播报险情及其他确保滑雪者安全的措施。

14. 正常滑雪秩序的维持

对于有的滑雪者干扰其他人滑雪的行为，在提醒与劝说后仍然不改正，应要求其马上退出滑雪场或报警。

二、滑雪者行为规则

由于滑雪运动的特殊性，穿着专有的器材在特定的场地上滑行难免会发生事故，但多为滑雪者自行跌倒或互相碰撞而致，有不可预见性，大部分属意外伤害事故。为了预防和避免事故的发生，要求每位滑雪者严格遵守滑雪者行为规则。

1. 尊重原则

每位滑雪者都应该遵守滑雪者行为规则，绝不做出损伤或致使他人受伤的行为。

2. 自控原则

每位滑雪者都应当让自己的滑行处于可控范围之内，滑行速度和方式应当和个人滑雪水平相符，并且应根据地势、雪质、天气和雪场人口密度选择滑行方式。

3. 选择安全线路原则

后方滑雪者务必要选择不危及前方滑雪者的线路滑行（前方滑雪者有雪道使用的优先权）。

4. 超越原则

从后方或侧方超越其他滑雪者时，请保持足够的安全距离。

5. 进入雪道、启动、爬坡原则

滑雪者进入雪道、在滑雪中途稍做休息重新开始，或者向坡上攀爬时，务必保证不危及自己及其他人的安全。

6. 停止地点原则

除非必须，滑雪者应避免停留在雪道中间、赛道、狭窄的雪道、视线易受阻的地方，若经过上述地点，请尽快通过。

7. 两侧行走原则

如需在雪道上行走时，请务必行走在雪道两侧。

8. 注意警示标识原则

请滑雪者务必对警示标识、禁止标识、提示标识保持高度重视。

9. 协助原则

一旦遇见事故，每个滑雪者都有义务去帮助受伤的人。

10. 事故确定身份原则

事故后的滑雪者或者目击者，无论是否有相关责任，都应在第一时间联系滑雪场救护人员，并留下联系方式。

三、滑雪指导员安全和行为规范

滑雪指导员是指在群众性滑雪活动中从事健身知识和滑雪技能的传授、指导及组织管理工作的人员。

每个滑雪场所都有滑雪指导员对滑雪者进行安全提示和技术指导，滑雪指导员必须遵守相应的安全和行为规范。

1. 安全优先

滑雪指导员在工作之前应该了解情况，充分掌握接受指导的人数、技术水平、有无经验、身心状况等，最先进行的是安全教育。

2. 确保安全

① 滑雪指导员在滑雪场工作时，要努力确保滑雪者的安全。

② 滑雪指导员在指导滑雪者练习时，要帮助其根据自己的技能水平选择正确的雪道和滑行方式。

③ 滑雪指导员应尽可能劝说滑雪者使用安全的服装和器具，每次滑雪前对滑雪器材的安全性进行必要的检查。

3. 躲避危险

滑雪指导员要时刻注意天气变化，以及附近的障碍物和其他滑雪者的滑行情况，给滑雪者具体的指示，努力避免发生事故。

4. 救护

滑雪指导员在滑雪者发生事故时要亲自救助，必要时尽快求得其他方面的帮助。

5. 对滑雪者的宣传注意事项

① 滑雪指导员指导滑雪者事先了解滑雪器材的正确使用方法。

② 滑雪指导员事先告知滑雪者滑雪安全摔倒和正确站起的方法。

③ 滑雪指导员提醒滑雪者了解“滑雪者安全规则”“空中索道乘客安全规则”的主要内容。

④ 滑雪指导员引导滑雪者熟知滑雪场所的各种标识。

⑤ 滑雪指导员和滑雪者在雪地上活动时，均应执行“滑雪者安全规则”的规定。

⑥ 滑雪者必须认真听取滑雪指导员的指示，并遵照执行。

⑦ 由于不遵守指导员指示所发生的伤害事故，滑雪指导员概不负责。

6. 协商与沟通

滑雪指导员在指导人数多或有特殊指导任务时，要事先和滑雪场管理人员协商行动计划，之后双方遵照执行。

四、安全使用器材和装备

滑雪场的安全运行，离不开滑雪场内装备和器材的有力保障。对滑雪场内的机械运输车辆等的使用规范，是经营管理的需要；给滑雪者提供安全的滑雪器材和科学的使用指导，是滑雪场所必须具备的服务。

1. 滑雪场内机械运输车辆的安全规范

① 尽量在滑雪道关闭时运行或操作。
② 运行时要有明显的警示声音、光及其他标识物。
③ 运行或停放时要有严密的安全措施，要非常认真地保护滑雪者的安全。
④ 机械运输车辆性能要完好，必须有专人管理和驾驶。

2. 器材的安全规范

① 滑雪器材供应人员必须始终确保器材有较高的安全性。
② 器材供应人员应该用口头和书面形式说明器材的性能及安全、正确、简单、明了的使用方法。
③ 滑雪者在接受所提供的器材时，首先要确认器材的性能是否正常，如有不懂的地方应向器材供应人员咨询，理解正确的使用方法。滑雪者应该始终做到正确、安全地使用器材。

五、索道的安全规则

索道是滑雪场所的重要运输工具，是保证滑雪场正常运行的关键环节，索道管理者的安全规范是对每个滑雪者的人身安全负责；同时，滑雪者也应该遵守索道的安全规则，避免在索道中发生事故。

1. 索道管理者的安全规则

① 索道管理员应在监督部门和有关法令的指导下，认真执行本规则及滑雪场所的其他规定，努力保证索道的运输安全。

② 索道管理员要进行严格的教育和培训，使其胜任此项工作，努力维护运输设备的正常运转。

③ 空中索道管理员要时刻做好紧急救护的准备工作，为预防发生事故采取有效措施，即配置专门急救人员，常备急救器材、搬运工具、资料等，努力防止或减轻乘客的伤害。

④ 空中索道管理员应在索道起点适当的位置，给没有乘坐经验的乘客提供帮助；提示乘客应注意衣物、携带物品等不被机器卷入或从空中坠下；乘坐时，注意持滑雪杖的安全方法，不要把滑雪杖插入座椅的把手里面。

2. 空中索道乘客的安全规则

① 乘客应该具有安全利用空中索道的能力，空中索道管理员要确认乘客有这种能力时才可让其乘坐，当陪同没有利用能力的乘客乘坐索道时，陪同人员对其负有安全责任。

② 乘客在乘坐索道前要认真阅读和理解利用空中索道的注意事项，不懂时应向工作人员咨询。没有乘坐索道经验或乘坐时精神紧张的人应向工作人员提出，并服从工作人员的指示。

③ 乘客不要有妨碍空中索道正常运行的行为；要在规定的地点乘降索道；在乘坐索道时禁止向下投掷空瓶、烟头或其他物品；禁止其他威胁自己和他人安全的行为。

④ 乘客应该认真遵守告示牌、揭示板及标识的含义，并遵守工作人员的指示。

3. 乘坐魔毯的安全规则

① 魔毯管理员应在魔毯的起终点监管遥控，以在出现危险情况时能够及时断电和处理。

② 魔毯管理员对初学者应给予提示和帮助，保证山下魔毯顺畅、安全。

③ 指导滑雪者正确上下魔毯，合理放置雪具。

④ 等候的人较多时，组织等候者有序排队上下魔毯。

⑤ 如遇到雪天等特殊天气，应控制滑雪者在魔毯上的间距，并指导滑雪者正确摆放雪具或者站立姿势等。

六、滑雪者须知

滑雪是高危险性体育项目，滑雪者应为因其自身行为给自己或他人造成的伤害负有责任，滑雪者务必认真阅读和熟悉下列须知。

1. 遵守标志

滑雪场所设立的标志能够提供重要的信息，熟知并遵守这些标志尤为重要。标志可以引导滑雪者去安全的线路滑行。禁止滑入不开放的雪道和区域。

2. 禁止饮酒后滑雪

酒精和药物能够削弱大脑机能，影响人的快速反应能力和行为控制能力。饮酒后请勿滑雪。

3. 选择合适的雪道，保持安全滑行速度

滑雪者必须选择符合自己能力水平的雪道，并保持警惕，避免冲撞。

滑雪者要始终保持对滑行速度和滑行方向的控制，确保能够及时安全停下或者避开他人和物体。

4. 禁止速降

在大众滑雪项目中，禁止在中级、高级滑雪道上进行“滑降”滑雪，高速滑降会导致来不及反应而危及自身和他人安全的后果。

当滑雪者失控形成向下直冲的状态时，应主动跌倒，以确保自身及他人的安全。

5. 避让前方的滑雪者

避让前方（山下）的滑雪者，他们拥有优先使用雪道的权利。雪道上方的滑雪者有责任主动避让前方的滑雪者。超越他人时必须选择不危及前方滑雪者人身安全的路线滑行。

6. 禁止阻碍滑行路线

滑雪者可在雪道两边短暂停留，不得在雪道中间、狭窄地段、视线受阻等处停留。如果摔倒，滑雪者须尽快清除雪面散落物品并迅速离开雪道中间。滑雪者不可在雪道中间坐卧休息和逗留。

7. 雪道交汇处避让山上方的滑雪者

当要进入雪道和滑至雪道交汇处时，要注意避让山上方正在滑行的其他滑雪者，避免阻挡山上方滑雪者滑行。

8. 防止滑雪板自行脱落下滑

滑雪者应使用适合自身水平的滑雪器材，避免滑雪板脱落自行下滑。

9. 协助救助

目击或身处滑雪事故时，应留在现场并向急救人员确认自己的身份。同时，须协助清理散落在雪道上的器材，安慰伤者，协助急救人员收集与事故相关的信息。

思考与实训

1. 简述滑雪场所管理者安全规范。
2. 简述滑雪者行为规则。
3. 简述滑雪指导员安全和行为规范。

任务二　掌握滑雪运动损伤急救常识

一、常见滑雪运动损伤和预防

滑雪运动固然强身健体，其乐无穷，但是对技术有较高的要求，也有一定的伤病风险性。下面介绍滑雪运动中常见的损伤及基本防治原则。

1. 擦伤

擦伤是滑雪运动较为常见的运动损伤，滑雪者在运动时不慎摔倒或碰撞，就会引起擦伤，以快速运动时摔倒引起的擦伤最为严重。擦伤后若不及时处理或处理不当，可能会对后续生活造成一定的影响。擦伤导致的伤情轻重不一，轻者伤势主要是擦破表皮，重者则根据摔倒的具体情况，在人体受损的皮肤表面形成深浅不一的出血口。

擦伤时，伤口与地面相接触受到污染，容易引发伤口感染进而导致化脓，因此擦伤后一定要及时对伤口消毒。如果创口面积小，则直接在伤口处消毒后涂抹 2% 的红汞或甲紫溶液或者直接消毒即可；如有包扎则要注意包扎的透气性，注意避免伤口发生二次感染（图 7–2）。如果擦伤的创口面积较大，可以先对伤口消毒，再用生理盐水将创口上的异物全部清除，最后用纱布包扎。

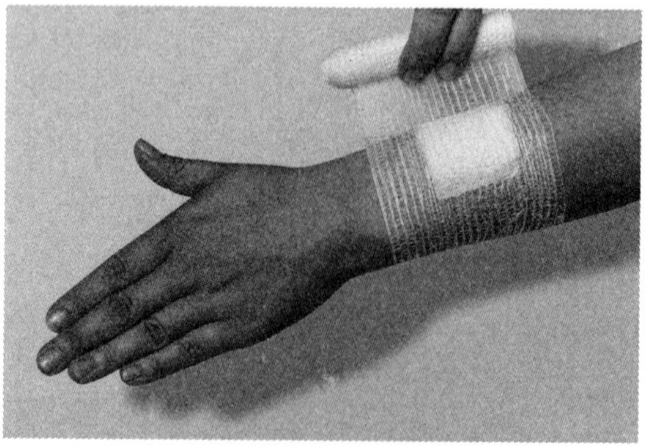

图 7–2　包扎

2. 急性肌肉、韧带损伤

滑雪运动中容易发生急性肌肉、韧带损伤，例如滑雪运动初学者为了保持平衡，将膝关节轻轻弯曲，膝盖内收，加上初学者经验不足，在遇到紧急状况突然转向或者停止运动时，容易出现膝关节扭伤，造成膝关节内侧副韧带、前交叉韧带损伤（图 7–3）。

处理方式以膝关节内侧副韧带损伤为例，可用长的木板或者滑雪用具将伤腿固定并抬高，如有医疗器材，局部可用绷带加压包扎，膝关节内侧冰敷 20~30 分钟。及时联系医务人员，进行后续的处理治疗。

图 7–3　膝关节韧带损伤

3. 骨折

摔倒在滑雪运动中十分常见，摔倒之后对伤势的判断也十分重要，初学者需保持警惕。有时症状不明显，无法判断是骨折还是挫伤，需要到医院进一步检查才能进行诊断。

摔伤后要第一时间对自己的身体情况进行评估并予以重视，千万不要强行继续活动，如果遇到严重摔伤需要帮助的伤者，也不要随意背、抱，以避免给伤者造成二次伤害。滑雪者摔倒后不要着急站起来，应原地感受一下自己的伤情，如果伤情不重，自己可以站起来慢慢恢复活动。但如果感到活动困难，可能出现骨折的情况，此时应用木板等物将骨折处的上端和下端夹紧，同时抬高患处，并对患处进行冷敷处理。初步处理后，尽快就医。

4. 脑震荡

滑雪运动中滑雪者摔倒造成脑震荡的情况也比较常见，例如现在国内很流行的冰球运动是脑震荡发生率最高的运动之一，在滑雪过程中摔倒或者和其他人相撞也可能造成脑震荡。脑震荡表现为短暂意识障碍（晕厥或神志恍惚），清醒后出现逆行性遗忘，即忘记受伤经过。意识恢复后，伤者有头痛、头晕、耳鸣、多汗、恶心等症状。

滑雪运动中遇到脑震荡的伤者，应急处理方法为让伤者平卧，安静休息，注意身体保暖，头部可用冷水毛巾冷敷。若伤者昏迷，可用手指掐点人中、内关等穴位，以促使其苏醒。呼吸心跳停止者，应立即实施心肺复苏术，并尽快把伤者送至医院。

5. 慢性损伤

慢性损伤如腰肌劳损、髌腱炎、髌骨软骨病等附着于关节周围的损伤在滑雪运动中占有一定的比例。

慢性损伤通常采用保守治疗方法，即多休息，避免跑步、跳跃等剧烈运动，对患处进行冰敷，多做伸展运动，还可以选用合适的方法来增强髌腱周围肌肉。如果保守治疗 3 个月仍不起作用，建议进一步就医。

6. 雪盲症

“雪盲症”一般是由于长时间处于环境空旷且紫外线强度高的场地，雪场就是一处较为典型的环境。强烈的阳光通过雪地反射，经过人眼晶体的聚焦到达视网膜黄斑部，造成眼组织的热灼伤而致视力下降。“雪盲症”一般症状是眼睑红肿、结膜充血水肿、异物感及疼痛，表现为畏光、流泪及睁眼困难，需及时进行救治，避免扩大伤害。

遭遇“雪盲症”应尽快离开当下的环境，用避光的方式闭眼或遮盖眼睛，但不需要对眼睛进行包扎，保持湿润，角膜的损伤可以采用冰敷的方式来缓解疼痛症状，再通过药物进行治疗，一般 1~3 天即可自行愈合。但不可自行揉搓眼睛，要注意眼部的卫生，避免感染引发眼部其他炎症。一旦眼睛疼痛难忍，要立刻就医。

7. 冻伤

发生冻伤主要是由于人体较长时间处于寒冷和潮湿的环境中，体表的血管会发生痉挛，血液流量因此减少，造成全身或局部组织的急性损伤。冻伤一般发生在肢端末梢、血液循环较差的部位，最常见部位是手、脚、鼻子和耳朵。冻伤的前兆往往是感觉局部非常冷，出现刺痛感。仔细观察会发现，冻伤部位皮肤颜色苍白，会出现针刺的痛觉，感觉麻木或丧失感觉。滑雪运动场所大部分都在户外，温度相对较低，冻伤现象极易发生。

冻伤程度分为四个级别（图 7–4）。一度冻伤：冻伤仅伤及皮肤的浅层；二度冻伤：冻伤伤及皮肤的浅层和真皮层；三度冻伤：冻伤伤及皮肤的浅层、真皮层和皮下组织；四度冻伤：冻伤伤及皮肤的浅层、真皮层和皮下组织。通常大众参与滑雪运动时发生的冻伤多为一度和二度冻伤。一度冻伤损伤较为浅表，其主要表现为皮肤发红发紫，不形成水疱；二度冻伤由于损伤皮肤的真皮层，即真皮的深层，因此除了表皮的红肿外，局部还会出现水疱和大疱，同时伴有疼痛，水疱破溃会形成溃疡，好转后也容易留有疤痕。

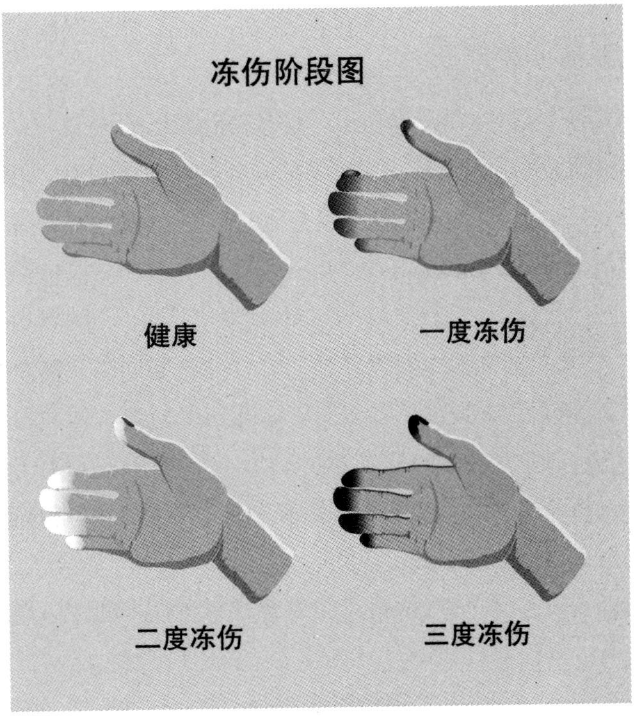

图 7–4 冻伤分级

如长时间运动后装备内部出现潮湿的情况或在运动时有雪水进到手套、鞋子里，一定要停止运动，更换装备；如果在滑雪运动中已经出现冻伤的前兆，一定要停止运动，迅速返回温暖的环境中休息，然后进行局部的复温；如果冻伤比较轻微，可以自行在患处涂抹凡士林油或冻伤膏，既可以起到保暖的作用，又可以帮助皮肤进行修复；如果冻伤情况较为严重，一定要在保暖的前提下迅速寻求专业医生的帮助。

8. 紫外线灼伤

滑雪运动中，伤害皮肤的主要原因是皮肤在冬季寒冷干燥的气候条件下大部分水分散失，加上运动时强大的冷风对皮肤的刺激，以及雪面上强烈紫外线对皮肤的灼伤。被紫外线灼伤以后，可使用炉甘石洗剂外擦，止痒消肿；对于灼伤比较严重，出现脱皮症状的患者，还可以使用复方牛碱性表皮生长因子，促进表皮的修复。一定要保持局部皮肤的清洁，避免用手抓挠，防止发生感染，同时远离阳光的照射，外出要注意防晒，穿防晒衣，避免吃辛辣刺激性食物。

同时，脸部要做好防护，可选用一些油性的、有阻止水分散失功能的护肤品，再用防紫外线效果较好、具有抗水性的防晒霜，每隔约 2 小时涂于脸部。

二、滑雪运动急救常识

滑雪运动作为户外的冬季运动项目，很容易出现运动损伤。一旦发生损伤，应该第一时间向场地医护人员呼救，并拨打 120 或 999 急救电话，同时开展力所能及的急救处理，为进一步治疗及康复创造良好条件。下面为大家介绍滑雪运动中常见运动损伤的急救处理原则及方法。

1. PRICE 处理原则

PRICE 处理原则是公认的急性运动损伤标准处理原则，通常需要在损伤发生后立即施用。

P 表示保护（Protection）：当运动损伤发生时，首先应立即停止活动，保护受伤的部位，避免受伤部位二次损伤。

R 表示休息（Rest）：受伤后保持充分的休息能够保护肌肉、韧带等受伤部位，防止伤势恶化。

I 表示冰敷（Ice）：常见的冰敷介质有冰袋、冰水、碎冰，冰敷可以在短时间内起到止痛作用，并使血管收缩、减缓受伤部位血液流通从而达到消肿作用。

C 表示压迫（Compression）：压迫通常在受伤后的 24~48 小时进行。压迫可以帮助患处减小肿胀，并通过对四肢施压增大局部组织压力进而减少内出血，还可以减缓伤口发炎并减少局部组织液渗出。最简单的压迫方法是使用弹性绷带做包扎压迫。

E 表示抬高（Elevation）：将受伤部位抬高可以帮助积聚在受伤部位的组织液回流来缓解肿胀和疼痛，最有效的抬高方式是将受伤部位放置在高于心脏水平的地方，上肢损伤可以借助垫子或吊腕带实现抬高，下肢损伤也可以借助垫子使受伤部位高于心脏水平。

2. 休克的处理

运动损伤中引发的休克主要是创伤性休克，多为剧烈运动中不慎遭受严重创伤引起，如骨折、脊髓损伤等。出血性休克是由于损伤引起体内急剧外出血造成循环血量锐减而发生休克。较为剧烈的滑雪运动可能诱发参与者的心脏疾病而引起心源性休克。休克急救时应迅速使伤员平卧安静休息，松解衣物，保持呼吸道畅通，清除口中分泌物或异物。在专业急救人员赶来前，不要随意搬动伤员。对于普通爱好者来说，在运动时要合理选择项目，避免过于剧烈的项目。

3. 关节脱位及骨折的处理

关节脱位也称脱臼，是指构成关节的上下两个骨端失去了正常的对应关系，从而发生了错位。多为暴力作用所致，肩部、肘部、下颌及手指关节最易发生关节脱位。关节脱位的症状表现为以下三点：一是关节处剧烈疼痛，二是关节的正常活动丧失，三是关节部位出现畸形。一旦发生关节脱位，应固定患肢。尽可能在进行妥善固定后迅速就医。

骨折是指骨结构完全或部分断裂，在滑雪运动中骨折情况时常发生。骨折情况明确时可进行简单处理，用夹板、绷带将骨折的部分固定包扎，使受伤的部位不再活动。在骨折情况不明或受伤严重时,不宜采取现场处理和搬运,应迅速转运至医院。

4. 开放性伤口的处理

滑雪运动中遭遇摔伤或者撞击到雪具等器械，都可能出现出血现象。发现伤者有开放性伤口时，可以将患者患肢抬高，使出血部位高于心脏，降低出血部位血压，采用较为简便的指压止血法进行止血，有条件的可以外加绷带促进止血过程。内出血体表没有伤口，容易造成大出血，危险性很大，应及时送往医院进行输血或手术治疗。

5. 运动性猝死的急救处理

运动性猝死是指在运动过程中或运动后 24 小时内发生的非创伤性意外死亡。猝死一般都是心脏骤停，其抢救的关键时期是心脏骤停的 4 分钟内，现场急救的重要手段是人工呼吸和胸外心脏按压。如周围环境配备有自动体外除颤器（AED），可用该设备对患者进行除颤和心肺复苏，这是目前最有效的猝死急救方法。

6. 运动性肌肉痉挛的处理

运动性肌肉痉挛是指在运动过程中由于各种诱因导致肌肉不自主地强直收缩，也就是我们常说的“抽筋”。这种现象在滑雪运动中较为常见，且多发生在大强度、长时间的运动中。滑雪运动中常发生肌肉痉挛的部位是小腿肚和足趾，肌肉僵硬、疼痛难忍，且不易缓解。若发生肌肉痉挛，要及时对局部痉挛的肌肉进行牵引，使其伸长或松弛。

发生严重的运动型肌肉痉挛时，应向肌肉收缩的相反方向做缓慢、持续性伸展和拉长痉挛的肌肉。如小腿后侧肌群发生痉挛时，可以伸直膝关节，勾起脚尖，向上伸展，以促使痉挛缓解和消失，疼痛消失后可进行按摩。处理时要注意保暖，伸展时用力要均匀、缓慢，以免造成肌肉拉伤。

7. 运动性晕厥的处理

运动性晕厥是指在运动中或运动后突然出现的一过性意识丧失，常由脑血流暂时减少或血中化学物质变化所致。低血糖性晕厥是运动性晕厥中较常见的类型，多见于长距离滑雪运动项目，有低血糖病史者运动时易诱发低血糖，补充葡萄糖后意识可迅速恢复。运动性晕厥意识丧失的时间短暂，一般不超过 3 分钟，发作时患者因肌张力消失不能维持正常姿势而倒地，一般能够很快恢复正常。但是滑雪运动都是在冰天雪地的环境或状态下运动，如高山、坡面、雪地等，如果突发意识丧失，产生的严重后果将不堪设想。

发生运动性晕厥时，应立即平卧或仰卧头低位，保证头低脚高，以改善脑部的供血供氧；解开衣领、领带，将头转向一侧，若出现呕吐则帮助伤者清除口腔内的积物，以保持呼吸道通畅；同时，可以指压人中、合谷穴。若经过上述处理后，情况未得到改善，应立即运送医院救治。

8. 失温症的处理

失温症是指人体热量流失大于热量补给，从而造成人体核心区温度降低，并产生一系列如寒战、迷茫、心肺功能衰竭等症状，甚至造成死亡的病症（表 7–1）。医学角度上是指人的核心体温不自主地下降至 35℃以下。失温症是一种具有较高发病率和死亡率的疾病，在户外滑雪运动时容易发生。

表 7–1　失温症各阶段症状

体温（℃）	表现	阶段
36	机体代谢反射性增强	轻度失温
35	明显寒战，手开始发僵	
34	血压下降，意识受影响	中度失温
33	心率、呼吸次数减少，血压下降	
31~32	血压难测、意识不清、间歇颤抖、瞳孔散大	重度失温
29~30	意识逐渐消失，肌肉僵直，脉搏、呼吸减弱	
28	半昏迷或昏迷，室颤，生命垂危	极度危险期
24	肺水肿，心脏衰竭，甚至已经死亡	

出现失温症时应尽快将患者转移到安全地带，将人体与冰冷的地面隔绝开，防止患者的核心体温继续流失，因为热量会从高温物体传导到低温物体；将湿冷衣物替换，擦干患者身体，更换衣服，用睡袋或厚衣物将患者全身包裹；针对核心部位进行外部加温，用热水袋、发热贴对患者脖子、腋窝、腹股沟等核心区进行加温；同时，补充流质食物，喂食高热量温热流食，如浓糖水、巧克力等，并及时将患者送至医院进一步救治。

三、成人心肺复苏

1. 生命体征评估并拨打急救电话

（1）确保现场安全

环视现场周围，是否为雪道的高速滑行路段。评估现场该地段的客流量，如果是客流量高峰时段，请设置警示牌，以保证施救者与伤员的人身安全。

（2）检查患者有无意识

① 具体操作。

轻拍：拍击患者肩部。

重呼：大声呼喊，问："你怎么了？"

② 注意事项。

如果患者有反应，就询问他是否需要帮助；如果患者没反应，即刻呼救寻求帮助，并做好进行心肺复苏的准备。

（3）呼喊求助

① 具体操作。

向周围人群寻求帮助，传达 3 个信息：

A. 帮忙拨打 120 或 999 急救电话；

B. 帮忙寻找自动体外除颤仪（AED）；

C. 寻求会心肺复苏的人提供协助。

② 注意事项。

A. 如果你是独自一人，并且没有手机，应该暂时离开患者，赶快去拨打 120 并寻找 AED，返回现场后继续提供紧急救治；

B. 如果不能确定现场周围是否能找到自动体外除颤仪，请打开"高德地图"并在搜索栏中输入“AED”，并按提示寻找离现场最近的自动体外除颤仪。

（4）拨打急救电话

① 具体操作。

A. 拨打 120 或 999 急救电话；

B. 回答急救调度员的提问；

C. 遵照急救调度员的指示进行操作。

② 注意事项。

A. 在急救调度员明确告诉你可以挂电话前，请保持通话状态；

B. 将电话置于“免提”模式。

2. 检查患者呼吸状况

（1）判断呼吸

观察伤者胸部起伏 5 ~ 10 秒，数秒方法为“1001”、“1002”、“1003”……（图 7-5）；如果有呼吸，则保持姿势并等待救援；如果无呼吸，应立刻开始心肺复苏。

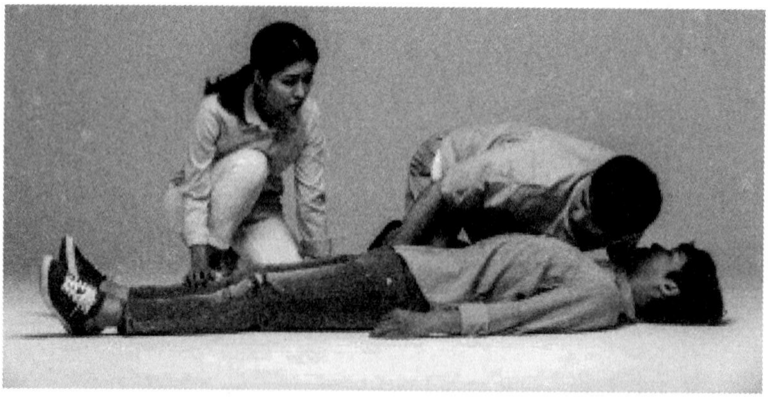

图 7-5 心脏骤停的识别

如果患者停止心跳，抢救者应进行胸外心脏按压急救。

（2）胸外心脏按压

1）按压技术

① 具体操作。

确保患者仰卧在坚固、平坦的表面，除去患者上衣，松解腰带。

急救者跪于伤员一侧（一般为右侧），右手食指沿一侧肋弓下缘向中线移动触及两侧肋弓交汇点（胸骨下窝），食指定位于下切迹（剑突），食指与中指紧贴示指上方定位（两横指），左手掌根紧贴右手食指置于胸骨，使手掌根部横轴与胸骨长轴重合（图 7–6）。成年男性为两乳头连线的中点或胸骨中、下 1/3 交界处。

急救者左手的掌根部紧靠前一手指，放于伤员胸骨中、下 1/3 交界处，掌根部长轴与胸骨长轴重合。将右手叠于左手的手背上，两手手指交叉抬起，使手指脱离胸壁，只需一手掌根按压即可。

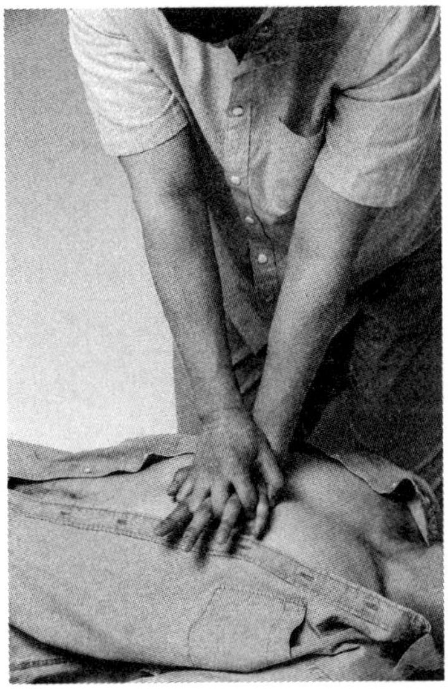

图 7–6　胸外心脏按压示意图

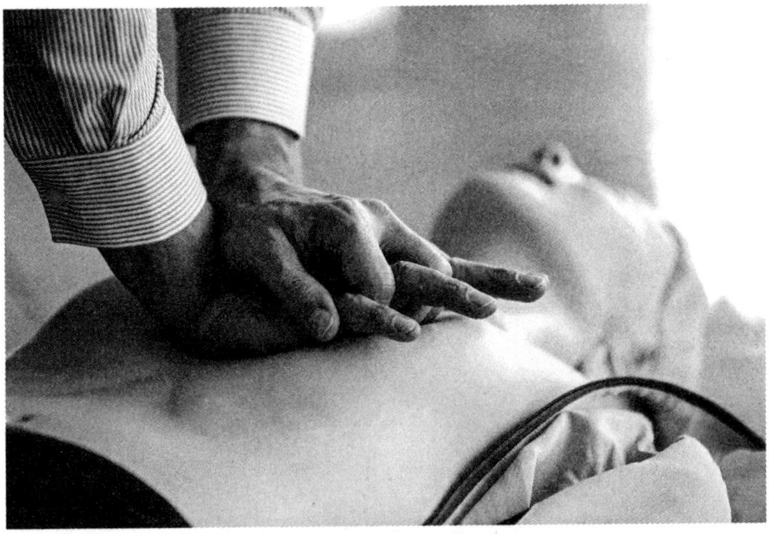

图 7–7　胸外按压手形示意图

急救者双肘关节伸直，肩部和手掌必须保持垂直，借助上半身力量有节奏地垂直向下按压。按压至适当强点后即开始松弛。抬手时掌根部不能移动。在按压间歇期内，务必使胸部充分回弹，按压与回弹的时间比为 1 ∶ 1。胸廓按压深度至少 5 厘米，按压速率至少 100 次 / 分。

② 注意事项。

A. 施救者的身体姿态；

B. 施救者胸外心脏按压时的手型；

C. 中断按压的时间尽量不超过 10 秒。

2）轮换施救，防止疲劳

① **具体操作。**

如果是双人操作，大约每隔 2 分钟进行轮换。

② **注意事项。**

尽量缩短中断按压的时间，尽量不超过 10 秒。

（3）开放气道

压额提颌技术

① **具体操作。**

A. 一只手放在前额，另一只手的手指放在下颌的骨性部位；

B. 使头部后仰并抬起下颌。

② **注意事项。**

为保证充分开放气道，应使下颌角与耳垂的连线与地面垂直（图 7–8）。

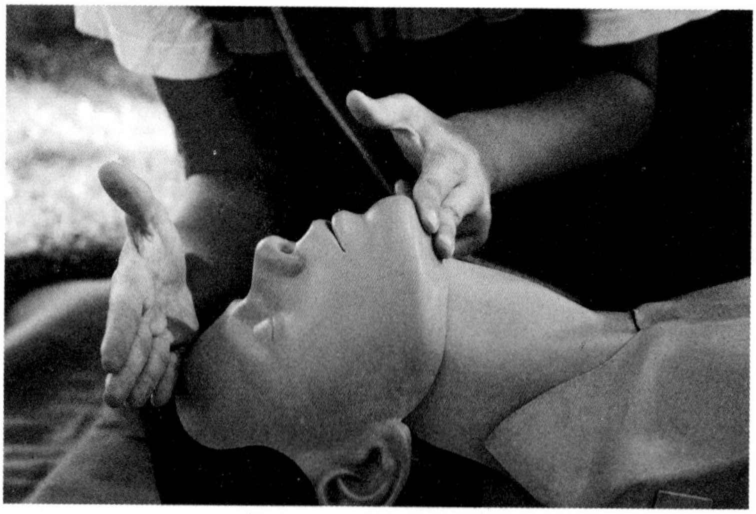

图 7–8　开放气道示意图

（4）人工呼吸

徒手人工呼吸技术

① **具体操作。**

A. 在保持气道开放的同时，用拇指和食指捏住患者的鼻子；

B. 正常吸一口气，用您的嘴将患者的嘴封住；

C. 给予 2 次人工呼吸，每次吹气 1 秒。每次人工呼吸时，观察患者的胸部是否开始隆起；

D. 按压中断的时间不要超过 10 秒。

② 注意事项。

A. 口包口人工呼吸；

B. 按压中断的时间不要超过 10 秒；

C. 每胸外心脏按压 30 次，给予 2 次人工呼吸，无论单、双人进行胸外心脏按压，按压通气比均为 30∶2。

如果人工呼吸后未见胸部隆起，应进行如下操作：将头部重新置于正常位置；重新开放气道；再给予 1 次人工呼吸，确保胸部隆起。

四、使用自动体外除颤器（成人）

获得自动体外除颤器（图 7–9）后应立即使用。

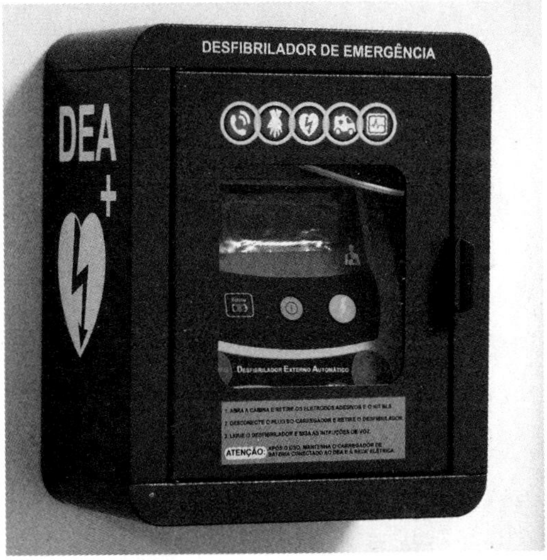

图 7–9　自动体外除颤器

下面是对成人使用自动体外除颤器的步骤：

① 开启自动体外除颤器的电源，并按照提示操作。

按“开启”按钮后掀开盖子，按照提示操作。

② 粘贴电极片。

撕去电极片贴膜，按照电极片上的图示，将电极片贴于患者裸露的胸部。

③ 自动体外除颤器进行分析。

大声说“离开”，同时确保没有任何人正在接触患者。自动体外除颤器将开始分析心律。如无须电击，请继续给予心肺复苏。

如自动体外除颤器提示需要电击，则给予电击并大声说“离开”，同时确保没有任何人正在接触患者，按“电击”按钮。电击完成后立即进行心肺复苏。

五、儿童心肺复苏

儿童心肺复苏与成人的步骤基本一致，同样是30下胸外心脏按压和2次人工呼吸（或者省略人工呼吸）的循环。将手掌根部放在乳头连线中间部位的胸骨上（手指离开，不要按在肋骨上），按压深度为小儿胸腔深度的1/3~1/2，速度在100~120次/分。

对于年纪较小的孩子，成人也可以用单手按压，一手扶着孩子的额头固定，用另一只手的手掌根部压在胸骨上按压。

如果发现孩子昏迷的时候只有你自己一人，应该先进行2分钟心肺复苏，再拨打120。

六、使用自动体外除颤器（儿童）

儿童使用自动体外除颤器的步骤与成人近似，只是在粘贴电极片这一操作中与成人略有差异。

如果是8岁以下的儿童，请使用儿童电极片。如果没有儿童电极片，则使用成人电极片。

如果是8岁或8岁以上的儿童，则使用成人电极片。撕去电极片贴膜按照电极片上的图示，将电极片贴于患儿裸露的胸部。确保电极片之间互不接触，如果患儿的胸部面积较小，粘贴电极片有可能重叠，在这种情况下，可将两片电极片分别置于患儿的前胸和后背，以尽可能保证前后两个电极片的连线与心脏纵轴吻合。

某些自动体外除颤器配备了儿童电极片或设置了儿童模式，在意外发生后可选择儿童模式进行体外除颤，这种情况下，对患儿输出的电击能量较小。如果自动体外除颤器并不具备儿童模式和儿童电极片，也可使用成人电极片进行常规体外除颤。

思考与实训

1. 常见的滑雪损伤有哪些？
2. 什么是PRICE处理原则？
3. 简述成人心肺复苏的流程。
4. 自动体外除颤器（成人）的使用方法是什么？